Stefanie Rösch

Bayerisch-Schwaben

Radeln für die Seele

15 Wohlfühltouren

Droste Verlag

ALLE RADTOUREN AUF EINEN BLICK

WILLKOMMEN
Idylle

Grüß Gott,

liebe Radler, Genussmenschen, Natur- und Kulturinteressierte. Herzlich willkommen in meiner Heimat, dem schönen Bayerisch-Schwaben. Hier lässt es sich nicht nur wunderbar wohnen, sondern auch die vielfältige und abwechslungsreiche Kulturlandschaft entlang von Donau, Iller und Lech auf dem Drahtesel erkunden. Auf fünfzehn abwechslungsreichen Touren nehme ich Euch mit auf die Spuren einer der reichsten Kaufmannsfamilien Europas und in den historischen Ulmer Winkel. Wir besuchen die imposante Harburg am Ufer der Wörnitz und eine der bedeutendsten Klosteranlagen Süddeutschlands. Zudem wissen wir hier in Bayern, dass Essen Leib und Seele zusammenhält und so laden die Biergärten und Gaststätten entlang der Routen zur zünftigen Einkehr ein.

Aber auch Auszeiten in der Natur, an den Ufern der vielen Flüsse und Seen, die Bayerisch-Schwaben wie ein Netz durchziehen, kommen nicht zu kurz. Für Liebhaber der Tierbeobachtung und Naturfotografie gibt es darüber hinaus das eine oder andere versteckte Plätzchen zu entdecken. Umgeben vom Duft der Wälder und Wiesen, begleitet vom Zirpen der Grashüpfer und dem Plätschern des Wassers ist auch so manch kleiner Anstieg zwischen den Flusstälern wieder schnell vergessen. Und wäre Gott ein Bayer und würde er radeln, so träfe man ihn sicherlich an einer der unzähligen Wegkapellen oder auch den futuristisch anmutenden Denzel-Kapellen an.

Viel Spaß beim Entdecken, Entspannen und natürlich Radeln wünscht

Eure Stefi Rösch

NATUR-INFO

KULTUR-INFO

TOUREN-/EVENT-INFO

GENUSS-INFO

Jakobertor

- 20,1 Kilometer
- 54 Höhenmeter
- 2 Stunden
- Rundtour

Stadtgeflüster

Augsburger City Tour

Auf dieser knapp 20 Kilometer langen Auszeittour lauschen wir dem Augsburger Stadt- und Kulturgeflüster und schnuppern Großstadtluft in der größten Stadt in Bayerisch-Schwaben. Dabei genießen wir an warmen Sommertagen den kühlenden Schatten und die frische Luft an den Ufern von **Wertach** und **Lech.** Auf eine rund 500-jährige Entdeckungsreise begeben wir uns in der **Fuggerei,** bei der es sich um die weltweit erste und somit auch älteste, heute noch bestehende Sozialsiedlung handelt.

Unsere Rundtour startet am kostenfreien **P+R Plärrer** im Stadtjägerviertel, auf dem der bekannte **Augsburger Plärrer ❶** stattfindet. Wir verlassen den Parkplatz in westlicher Richtung an der **Schwimmschulstraße,** um gleich zwischen Schwimmbad und Betriebshof hindurch bis zum **Ufer der Wertach** zu fahren und diese auf dem **Seitzsteg** zu überqueren.

*Zünftiges Beisammensein und Brauchtumspflege in den Festzelten sowie leuchtende Kinderaugen vor den vielen bunten Fahrgeschäften können wir zweimal im Jahr auf dem **Augsburger Plärrer**, Bayerisch-Schwabens größtem Volksfest, erleben.*

Auf der anderen Uferseite halten wir uns rechts und folgen dem Rad-Hauptwegweiser in Richtung **Gersthofen**. Im Halbschatten rollen wir an dem ruhig vor sich hinfließenden, zweitgrößten Fluss Augsburgs entlang, unterqueren nach 260 Metern die **Wertachbrücke** und wechseln nach 450 Metern vom geschotterten **Wertach-Radweg ❷** auf die **Äußere Uferstraße.** Hier säumen Schrebergärten das Flussufer und an den Wochenenden ist der Geruch nach leckerem Gegrilltem allgegenwärtig. Nachdem wir die vielbefahrene **Dieselstraße** gequert haben, halten wir uns weiter in nördlicher Richtung am Flussufer. Wir befinden uns hier im **Ortsteil Oberhausen,** einer typischen Schlafstadt.

Plätschernde Wertach

So prägen auf den nächsten Metern bis zur Kreuzung mit der **Günzburger Straße** auch große Wohnblöcke das Stadtbild. Da die Äußere Uferstraße ab hier durch einen nicht öffentlichen Schrebergartenbereich verläuft, müssen wir das Stück umfahren. Wir folgen der Günzburger Straße nach links und an der nächsten Kreuzung der **Schönbachstraße** nach rechts. Nach weiteren 650 Metern rollen wir rechts in den **Langweider Weg** ein und stoßen nach 140 Metern wieder auf die **Äußere Uferstraße.** 400 Meter weiter flussabwärts erreichen wir den **Zusammenfluss von Wertach und Lech,** der leider durch dichten Baumbestand sowie Bebauung entlang des Ufers verborgen ist. Wir folgen für weitere 200 Meter der Äußeren Uferstraße, bis diese in einem Rechtsknick in einen geschotterten Wirtschaftsweg einmündet. Auf diesem radeln wir in nördlicher Richtung, bis wir die **rote Autobahnbrücke** erreichen. Vor der Brücke halten wir uns links und nach knapp 200 Metern wieder rechts, um die **A 8** zu unterqueren. Wir rollen für weitere 750 Meter durch die Auen und halten uns bei der **Lechwehrstraße** halbrechts. Nach wenigen Metern erreichen wir den geschotterten Radweg entlang des

Für die Seele

Der Lech zieht sich wie ein blaues, konstantes Band durch die quirlige Innenstadt der Großstadt.

Lechkanals, dem wir für 350 Meter bis zur nächsten Brücke folgen.

Hier ist auf dem Rad-Hauptwegweiser bereits **A.-Hammerschmiede** ausgeschildert. Nach der Querung des Lechkanals rollen wir an der **Skulptur Vater Lech** vorbei über die Lechbrücke, um der **Gersthofer Straße** auf dem baulich getrennten Radweg für 2,2 Kilometer bis zu der großen Kreuzung vis-à-vis des **Augsburger Flughafens** zu folgen. Hier erinnert fast nichts mehr an die geschäftige Großstadt, denn unsere Fahrt führt uns vorbei an Schrebergartenkolonien und Warenlagern, durch Felder und Wiesen. An der Kreuzung am Flughafen halten wir uns rechts Richtung **A.-Zentrum** und

Autobahnbrücke über den Lech

> Das ausgedehnte Netz an Radwegen in Bayerisch-Schwaben ist mit weißen Wegweisern mit grüner Schrift bzw. einem grünen Fahrrad versehen. Die Rad-Hauptwegweiser werden zudem von verschiedenen Plaketten mit offiziellen Tourensymbolen ergänzt.

folgen dem Radweg entlang der **Mühlhauser Straße** weiter in südlicher Richtung. Nach wenigen Metern lädt der **Kaisersee 3,** einer der unzähligen Badeseen im Augsburger Stadtgebiet, zu einem Sprung ins kühle Nass ein. An der nächsten Kreuzung mit Ampelanlage queren wir einen asphaltierten Wirtschaftsweg und halten uns weiter auf dem Radweg entlang der Mühlhauser Straße in Richtung Zentrum. Der Radweg macht dabei einen Rechtsknick und überquert im Anschluss die vielbefahrene **A 8** auf einer schmalen Brücke.

Wir rollen weiter in südlicher Richtung durch den **Bürgerwald** im Stadtteil Hammerschmiede und halten uns auf Höhe des **Bildstockes** rechts, biegen damit in den **Hafenmühlweg** ein und überqueren den Siebenbrunnenbach. 400 Meter weiter, an der T-Kreuzung mit der **Neuburger Straße** gegenüber dem Sportplatz orientieren wir uns rechts, um auf dem Fahrradschutzstreifen fahrend nach 150 Metern links in den **Hammerschmiedweg** einzurollen. Diesem folgen wir entlang des Stadtrandes für 1,3 Kilometer. Hier verströmen im

Lechwehr

Grüne Lechauen

Idyllische Fuggerei

Fuggerei – Kirche St. Markus

Frühsommer die reifen Früchte auf dem angrenzenden **Erdbeerfeld** ihren köstlichen Duft.

An der Kreuzung mit der **Schillerstraße** schlenkern wir halb nach links und folgen weiterhin dem Hammerschmiedweg durch die **grünen Auen entlang des Lechs.** Hier halten wir uns links auf der als **Freizeitstrecke** Richtung **A.-Zentrum** gekennzeichneten Route des Rad-Hauptwegweisers. So folgen wir dem schattigen, geschotterten **Lech-Radweg** ❹ für insgesamt 3,3 Kilometer in südlicher Richtung bis zur Ulrichsbrücke.

Dabei fahren wir an Schrebergartenkolonien vorbei und es bieten sich uns immer wieder Möglichkeiten zur Erfrischung an den breiten, steinigen Stränden des Lechs, der durch das fehlende Schmelzwasser in den Sommermonaten für gewöhnlich weniger Wasser führt. Nach 2,4 Kilometer unterqueren wir auf der **Leipziger Straße** die B 2 und radeln weiter auf dem Lech-Radweg in Richtung **Hochzoll.** Nach 350 Metern, wo die Leipziger Straße einen Linksknick beschreibt, zweigt

Jakob Fugger war zu Lebzeiten reichster Unternehmer Europas, Kaufmann sowie Bankier in Personalunion. Die Idee, sein Geld und auch die damit verbundene herausragende gesellschaftliche Stellung für das Gemeinwohl einzusetzen, war schlichtweg revolutionär.

halbrechts ein geschotterter Radweg ab, der uns nach 600 Metern zur **Ulrichsbrücke** bringt. Dort folgen wir dem Rad-Hauptwegweiser in Richtung **Zentrum/Jakobertor,** orientieren uns vor der Brücke scharf links, um die steile Brückenauffahrt zu nehmen. Über den Fluss entlang der **Lechhauser Straße** rollen wir weiter Richtung Zentrum bis zum historischen **Jakobertor ❺.** Dieses zeugt zusammen mit dem **Äußeren Stadtgraben** noch heute von der spätmittelalterlichen Stadtbefestigung und begrenzt die **Jakobervorstadt,** in deren südlichem Teil sich auch die **Fuggerei** befindet, nach Osten hin.

Durch das Stadttor halten wir Einzug in die Vorstadt und folgen der **Jakoberstraße** für einen halben Kilometer in westlicher Richtung bis auf die Höhe der evangelischen **St. Jakob Kirche,** die wie auf eine Verkehrsinsel gebaut zu sein scheint. Dort nutzen wir auf Höhe des Supermarkts die Ampelanlage, um auf die gegenüberliegende Straßenseite zum **Jakober Brunnen** vor der Kirche zu gelangen. Wir orientieren uns rechts und biegen in die Jakoberstraße ein. Dem Radweg-

Biergarten in der Fuggerei

weiser entgegen der Einbahnstraße folgend, erreichen wir nach 50 Metern an der Ecke Herrengasse das, sich auf der linken Straßenseite befindende, sehr unscheinbare Eingangstor der **Fuggerei 6**. Die Fuggerei, welche am 23. August 1521 von Jakob Fugger als Wohnsiedlung für bedürftige katholische Augsburger Bürger gestiftet wurde, ist kein Museum im klassischen Sinn: Die 67 kleinen, ockerfarben gestrichenen Häuschen mit den grünen Fensterläden und Türen, nur einen Steinwurf vom Rathausplatz entfernt, vermitteln eine besondere Atmosphäre inmitten der quirligen Innenstadt. Mit acht beschaulichen Gassen, drei Toren und einer Kirche ist die Fuggerei eine kleine „Stadt in der Stadt".

Eingang zum Stadtmarkt

In den drei **interaktiven Museen** auf dem 15.000 qm großen Gelände werden die Geschichte des Kaufmann-Clans, die der Bewohner sowie deren Alltag näher beleuchtet. Das **Museum im Bunker** befasst sich in seinen düsteren Räumlichkeiten mit dem Zweiten Weltkrieg und speziell der Bombennacht im Februar 1944. Diese kostete etlichen Bewohnern das Leben und hinterließ große Schäden an der Wohnsiedlung.

Um unsere Fahrt in Richtung Zentrum fortzusetzen, folgen wir nun der **Jakoberstraße** zurück bis zur Kreuzung mit der **Kirchpräsident-Veit-Straße** und biegen in diese links ein. Nach wenigen Metern fahren wir links in die **Pilgerhausstraße** und folgen dieser wiederum links bis zur Kreuzung mit dem Mittleren Graben, immer auf dem Fahrradschutzstreifen. Diese vielbefahrene Straße überqueren wir und rollen weiter auf dem **Leonhardsberg** bis zur Kreuzung **Karolinenstraße,** in die wir links abbiegen. Ab hier teilen wir uns im

*Der Name **Fugger** ist nicht nur hier in Augsburg, sondern in ganz Bayerisch-Schwaben präsent. Es wurden nicht nur soziale Projekte finanziert, sondern auch Stadtschlösser gebaut, wie beispielsweise in Weißenhorn oder Babenhausen.*

Augustusbrunnen auf dem Rathausplatz

Innenstadtbereich die kopfsteingepflasterten Verkehrswege mit der Straßenbahn. Daher bietet es sich spätestens auf dem 200 Meter entfernten **Rathausplatz** an, den Drahtesel in einem der vielen Fahrradständer entlang der Straße abzustellen und die Innenstadt für einen Schaufensterbummel und ein leckeres Mittagessen, beispielsweise im Biergarten des **Wirtshauses unter dem Bogen** ❼ oder auf dem **Stadtmarkt** ❽, weiter zu Fuß zu erkunden.

Auf dem über die Anna- oder Fuggerstraße zugänglichen ***Stadtmarkt*** *können in den Markthallen internationale Köstlichkeiten und traditionelle Gerichte genossen werden und am Nachmittag findet man in den Cafés ein gemütliches Plätzchen.*

In der **Tourist-Information** ❾ am südlichen Rathausplatz gibt es neben dem obligatorischen Stadtplan auch allerlei Informationen über die verschiedenen Sehenswürdigkeiten und Veranstaltungen in der **historischen Altstadt.** Zur Weiterfahrt auf unserer Rundtour lassen wir den Rathausplatz hinter uns und folgen der **Maximilianstraße** in südlicher Richtung bis zum **Moritzplatz.**

Dort biegen wir an der bunten Fassade des **Weberhauses,** dem ehemaligen Zunfthaus der Weber, nach rechts in die **Bürgermeister-Fischer-Straße** ab. Auf dieser rollen wir knapp 300 Meter bis auf den vor ein paar Jahren modern umgestalteten **Königsplatz.** Dieser dient auch bei der alternativen Anreise mit der Bahn als Einstiegspunkt in die Tour. Hier, unweit des **Manzù-Brunnens** ⑩ mit seiner Bronzestatue, weist uns der Rad-Hauptwegweiser mit der Ausschilderung **Gersthofen** die Richtung. Wir verlassen die Innenstadt nordwärts und folgen dem Fahrradschutzstreifen entlang der **Fuggerstraße** für einen halben Kilometer bis zum Staatstheater Augsburg am **Kennedy-Platz.** Nach der Querung des Platzes rollen wir halblinks in die **Volkhartstraße** ein, welcher wir bis zum **Klinkertor** folgen. Auf Höhe der Tankstelle wechseln wir die Straßenseite, um im Anschluss auf dem Fahrradweg durch den **Curt-Frenzel-Park** am gleichnamigen Stadion links vorbei bis zur Abzweigung der **Badstraße** zu fahren. Hier wechseln wir noch vor dem zugewucherten **Nymphenbrunnen** auf die gegenüberliegende Straßenseite und folgen der **Badstraße** erst für 190 Meter nach Westen und nach einem Rechtsknick weiter bis zur Kreuzung mit der **Schwimmschulstraße**, um wieder an den Ausgangspunkt unserer Tour zu gelangen.

Historische Häuser am Moritzplatz

Gersthofer Straße
Gersthofen
Schuttberg
Höhgraben
Kaiser-see
Mühlhauser Straße
Neuburger Straße
Firnhaberauheide
8
17
Firnhaberau
Siedlerweg
Branntweinbach
Autobahns
Hammerschmiedweg
Lech
Fischerholz
Hammerschmiede
Wertach
Schillstraße
Wolfzahnau
Oberhausen
Siebenbrunnenbach
2
Lechhausen
Äußere Uferstraße
Senkelbach
Proviantbach
Stadtbach
Lützowstraße
Neuburger Straße
Radetzkystraße
Berliner Allee
Augsburg
Äußerer Stadtgraben
Hanreibach
Innen-stadt
Pfersee
P
1
2
3
4
5
6
7
8
9
10

Alles auf einen Blick

Entspannung ✱✱✱✱✱

Genuss ✱✱✱✱✱

Erlebnis ✱✱✱✱✱

WIE & WANN:
Asphaltierte und geschotterte Wege, Radwege und Fahrradschutzsteifen entlang der Straßen, teils Stadtverkehr; ganzjährig befahrbar, am besten in den Sommermonaten

HIN & WEG:
Auto: P+R Plärrer, 86153 Augsburg (GPS 48.375601, 10.882549)
ÖPNV: Diverse Zugverbindungen bis Hauptbahnhof Augsburg. Von dort 500 Meter über die Bahnhofstraße bis zum Königsplatz

ESSEN & ENTSPANNEN:
Wirtshaus unter dem Bogen ❼ Unter dem Bogen 4, 86150 Augsburg, Tel. (08 21) 80 03 47 00, www.daswirtshausunterdembogen-augsburg.de
Augsburger Stadtmarkt ❽ Fuggerstraße 12 a, 86150 Augsburg, Tel. (08 21) 3 24 39 01, www.augsburg-city.de/stadtmarkt

ENTDECKEN & ERLEBEN:
Volksfest auf dem Augsburger Plärrer ❶ Langenmantelstraße, 86153 Augsburg
Wertach-Radweg ❷
Kaisersee ❸ Mühlhauser Straße, 86169 Augsburg
Lech-Radweg ❹
Historisches Jakobertor ❺ Jakoberstraße 79, 86152 Augsburg
Fuggerei ❻ Jakoberstraße 26, 86152 Augsburg, Tel. (08 21) 3 19 88 10, www.fugger.de
Historische Altstadt mit Tourist-Information ❾ Rathausplatz 1, 86150 Augsburg, Tel. (08 21) 50 20 70, www.augsburg-tourismus.de
Manzù-Brunnen ❿ Königsplatz, 86150 Augsburg

- 36,7 Kilometer
- 140 Höhenmeter
- 3,5 Stunden
- Rundtour

Nördlinger Altstadt

Kulturland Ries

Der Geopark Ries bei Nördlingen

Unsere knapp 37 Kilometer lange Auszeittour startet am nördlichen Rande der historischen Nördlinger Altstadt auf dem **Parkplatz Kaiserwiese,** auf dem auch gut mit dem Wohnmobil geparkt werden kann. Die nur wenige Höhenmeter umfassende Rundtour führt uns durch die flache Kraterlandschaft des **Geoparks Ries** in die fürstliche **Residenzstadt Oettingen** und von dort wieder zurück in das **mittelalterliche Nördlingen,** dessen vollständig erhaltene Stadtmauer in Deutschland einzigartig ist.

Wir verlassen den Parkplatz in westlicher Richtung auf dem baulich getrennten **Radweg** und erreichen nach 200 Metern die große **Ampelanlage** am Inneren Ring. Dort orientieren wir uns rechts, biegen in die **Würzburger Straße** ein und folgen dieser für 1,1 Kilometer durch **Baldingen** hindurch. Hier ist, neben dem Tourensymbol der **Romantischen Straße,** bereits **Oettingen** auf dem Rad-Hauptwegweiser ausgeschildert, was die Orientierung im Verlauf der Tour vereinfacht.

Kurz vor der Abzweigung in die Straße **Backäcker** folgen wir dem Radwegweiser nach links, rollen auf dem baulich getrennten Radweg bis zur **B 29** und radeln auf ihr bis zum nächsten Kreisverkehr. Wir queren den Kreisverkehr und fahren weiter durch Felder und Wiesen nach **Ehringen,** einem Ortsteil des nur rund einen Kilometer entfernten **Wallersteins.** Am Ortsende Ehringens wechseln wir die Straßenseite und folgen dem Radweg entlang der Landstraße weiter bis nach **Wallenstein.** Das bereits von der Straße

*Die **Riesebene** entstand durch eine Naturkatastrophe vor 15 Millionen Jahren. Ein Meteoriteneinschlag erzeugte einen gewaltigen Krater mit rund 25 Kilometer Durchmesser. Im Jahr 2006 wurde die einzigartige Landschaft als nationaler Geopark gewürdigt.*

*Die **Romantische Straße,** eine der ältesten und bekanntesten Freizeitstraßen Deutschlands, welche Würzburg mit Füssen verbindet, kann auch mit dem Rad „erfahren" werden. Von Nördlingen nach Maihingen folgen wir ihrem Streckenverlauf für 10 Kilometer.*

auszumachende, jedoch etwas unscheinbar wirkende Schloss dient seit dem 17. Jahrhundert der Fürstenfamilie Oettingen-Wallerstein als Familiensitz und ist daher nicht für die Öffentlichkeit zugängig.

*Im **Museum KulturLand Ries** werden 300 Jahre Alltagskultur der Landbevölkerung im Nördlinger Ries wieder lebendig. Darüber hinaus laden wechselnde thematische Sonderausstellungen und Museumsfeste die Besucher zum Mitmachen und Erleben ein.*

Innerorts verlassen wir hinter der Tankstelle den Radweg und rollen für 450 Meter geradeaus auf der **Weinstraße.** Auf Höhe des sich links befindenden Rathauses biegen wir rechts in die **Birkhauser Straße** ein und folgen dieser 1,2 Kilometer durch den Ort bis zum Tennisplatz. Ab hier nutzen wir wieder den baulich getrennten Radweg entlang der Straße. Nach 600 Metern unterqueren wir eine Bahnlinie und biegen nach links in den asphaltierten Wirtschaftsweg in Richtung **Birkhausen** ein. Wir queren den Steinbach und folgen dem **Wiesenweg** nach einem Rechtsknick weiter bis zur Abzweigung **Am Weiherbuck.** Hier radeln wir links und nach 230 Metern wiederum rechts, um in die **Obere Dorfstraße** einzubiegen. Dieser folgen wir für 180 Meter, um im Anschluss nach links in den **Fasanenweg** einzurollen. Nach wenigen Metern biegen wir rechts in die Gasse **Hinter den Gärten** ein. Wir fahren in östlicher Richtung bis zur **Feldgasse** und folgen

Für die Seele

Der vor Millionen von Jahren durch unglaubliche Kräfte geschaffene Rand des Meteoritenkraters ist auf unserer Tour am Horizont allgegenwärtig.

dann der Landstraße auf dem baulich getrennten Radweg nach links in das 3 Kilometer entfernte **Maihingen.** Dort queren wir die **Hauptstraße** und rollen kurz dahinter nach links in den **Klosterweg** ein, um dem **Museum KulturLand Ries** ❶ einen Besuch abzustatten und uns eine Auszeit in der schon von weitem sichtbaren, barocken **Klosterkirche Maihingen** ❷ zu gönnen. Das Museum ist in verschiedenen Gebäuden und Außenanlagen innerhalb der Klosteranlage und ihrer Gärten untergebracht.

Für die Weiterfahrt rollen wir zurück zur **Hauptstraße** und folgen dieser nun nach links für 1,4 Kilo-

Kloster Maihingen

Denkmal am ehemaligen Militärflugplatz Heuberg

meter durch den Ort. Am Ortsende biegen wir links in den **Römerweg,** einen asphaltierten Wirtschaftsweg, ein. Auf dem Rad-Hauptwegweiser ist unser nächstes Etappen-Ziel **Heuberg** in 3,5 Kilometern ausgeschildert.

Wir radeln 2,3 Kilometer in östlicher Richtung schnurgerade durch Felder und Wiesen und erreichen die Weggabelung hinter dem **ehemaligen Flugplatz Heuberg ③,** an der wir uns links halten. Hier zeugen **Infotafeln** von der Nutzung des Geländes durch die Luftwaffe der Wehrmacht als **Feldflughafen.** Die Gedenkstätte mit Feldkreuz erinnert außerdem an die Opfer von Krieg, Gewalt und Vertreibung des hier installierten **Kriegsgefangenen- und Flüchtlingslagers.** Wir orientieren uns weiter in nördlicher Richtung und halten uns am Ende der ehemaligen Startbahn rechts. Auf der **Heuberger Straße** radeln wir durch das ländlich geprägte Heuberg und queren zwischen Pferdekoppeln nach 2,3 Kilometer den Grimmgraben in **Bettendorf.** An der ersten Weggabelung hinter dem Graben halten wir uns rechts und nach 250 Metern links, um im Anschluss erneut den Graben und dann einen **unbeschrankten Bahnübergang** zu queren.

Nach wenigen hundert Metern treffen wir auf den baulich getrennten Radweg entlang der **B 466** und unternehmen nach links einen Abstecher nach **Oettingen.** Den Sportplatz des TSV Oettingen passieren wir nach 1,7 Kilometern und nach weiteren 400 Metern eine imposante **Feldkapelle.** Wir radeln am Ortseingang von Oettingen durch ein Gewerbegebiet mit verschiedenen Supermärkten und halten uns im Anschluss links, um auf der **Nördlinger Straße** in die Altstadt einzurollen. Nach 250 Metern folgen wir nunmehr der **Königsstraße** und queren den Augraben. Hier zeigt sich die romantische Residenzstadt am Wörnitzufer, die auch als **Storchenhauptstadt** ❹ gilt, bereits von ihrer Bilderbuchseite.

Mit dem Durchqueren des **Königsturms,** dem einzig noch erhaltenen Turm der Stadtbefestigung, verlassen wir die ehemals Untere Vorstadt und tauchen in die

Die sympathische Residenzstadt Oettingen mit einer besonders großen Anzahl an Nestern darf sich mit Recht als ***Storchenhauptstadt*** *im Ferienland Donau-Ries bezeichnen. Details können im jährlich veröffentlichten* ***Storchentagebuch*** *nachgelesen werden.*

Oettinger Altstadt

Ofenfrisches Schäufele

eigentliche **Altstadt** mit ihren teils üppig verzierten Fachwerkhäusern ein.

Bevor wir Oettingen weiter erkunden, stärken wir uns im Biergarten des **Gasthofs Goldener Ochse** ❺ mit einem ofenfrischen Schäufele oder einer zünftigen Brotzeit. Dazu gibt es – wie könnte es anders sein – **Original Oettinger Bier,** denn die ortsansässige Brauerei ist weit über die Stadtgrenzen hinaus bekannt. Keine 100 Meter entfernt vom Gasthof befindet sich am Rande des **historischen Marktplatzes** zunächst das Rathaus, einer der prächtigsten Fachwerkbauten Schwabens mit dem **Geopark Ries Infozentrum ❻,** und kurz dahinter für die Leckermäuler unter uns das **Eiscafé Raffaello ❼.** Folgen wir der **Schloßstraße** weiter, erreichen wir das **Residenzschloss der Fürstenfamilie zu Oettingen-Spielberg ❽.** Die herrlich ausgestatteten Gemächer können im Rahmen von verschiedenen Themenführungen für Jung und Alt besichtigt werden.

Schlosshof des Residenzschlosses zu Oettingen-Spielberg

Für unsere Rückfahrt folgen wir der uns bekannten Route zurück über die B 466 bis zur **Abzweigung in Richtung Heuberg.** Hier ist bereits am Rad-Hauptwegweiser **Nördlingen** ausgeschildert. Dabei nutzen wir für 5,6 Kilometer den baulich getrennten Radweg weiter entlang der Bundesstraße und lassen die verschlafenen Ortschaften **Mörsbrunn, Dürrenzimmern** und **Pfäfflingen** hinter uns.

Der Radweg mündet kurz vor **Löpsingen** in einen asphaltierten Wirtschaftsweg und geht innerorts in die **Ortsstraße** über. An der Abzweigung von Bachstraße und Schmiedgasse folgen wir weiter der Ortsstraße, indem wir uns rechts orientieren. Nach 300 Metern biegen wir halbrechts in die Straße **Im Oberdorf** ein und nach 150 Metern links in die Gasse **Im Brühl.** Im Anschluss überqueren wir das idyllische **Flüsschen Eger,** auf dem die Seerosen einen grünen Teppich gebildet haben und im Hochsommer wunderbar blühen.

Wir folgen dem asphaltierten Wirtschaftsweg über den Mühlkanal und weiter durch Felder und Schwemmwiesen, bis wir nach 1,9 Kilometern die **B 25** unterqueren. Die nächsten 900 Meter auf der **Oettinger Straße** verlaufen landschaftlich wenig ansprechend, parallel zu den Bahnschienen, weiter durch das Nördlinger Gewerbegebiet. Wir folgen der Oettinger Straße in einem Linksknick bis zur Kreuzung **Nürnberger Straße.** In diese biegen wir nach rechts ein und folgen dem Straßenverlauf für einen knappen Kilometer. Dabei queren wir zwei Bahnübergänge und nutzen abwechselnd den Radweg und den Fahrradschutzstreifen.

Auf Höhe des dritten Bahnüberganges erblicken wir bereits das **Löpsinger Tor,** durch das wir an der Kreuzung **Innerer Ring** und **Lerchenstraße** geradeaus, der Nürnberger Straße weiter folgend, in die Altstadt einrollen. Hier bietet es sich bei der **alternativen Anreise** mit dem Zug an, in die Tour einzusteigen. Am Löpsin-

Nördlinger Stadtmauer

Fachwerk am Hafenmarkt

ger Tor können wir die **mittelalterliche Stadtmauer** samt dem **Stadtmauermuseum** ⑨ erkunden. Im Anschluss folgen wir weiter der Löpsinger Straße in südwestlicher Richtung durch die mit üppigem Fachwerk ausgestattete, pittoreske **historische Altstadt** ⑩. Hier gönnen wir uns eine Auszeit vom Sattel und entdecken das Altstadtzentrum sowie das **RiesKraterMuseum** ⑪ gemütlich zu Fuß.

Am Ende der Löpsinger Straße, wo sie in die Eisengasse übergeht, orientieren wir uns rechts zum historischen **Hafenmarkt** und biegen dann nach links in die Gasse **Beim Klösterle** ein. An der Kreuzung **Baldinger Straße** fahren wir rechts und verlassen nach gut 200 Metern die Altstadt durch das **Baldinger Tor.** Wir rollen über den Stadtgraben und das **Flüsschen Kornlach** und erreichen die uns schon bekannte Kreuzung **Innerer Ring** und **Würzburger Straße.** Diese queren wir und halten uns im Anschluss rechts, um die letzten Meter auf dem Radweg bis zum Ausgangspunkt unserer Tour auf dem **Parkplatz Kaiserwiese** zu radeln.

Im einzigartigen ***RiesKraterMuseum*** *wird die Entstehung und Bedeutung von Einschlagkratern anhand der Methoden und Erkenntnisse der Impaktforschung und Kratergeologie erläutert und aufgezeigt, wie nach der Katastrophe das Leben zurückkehrte.*

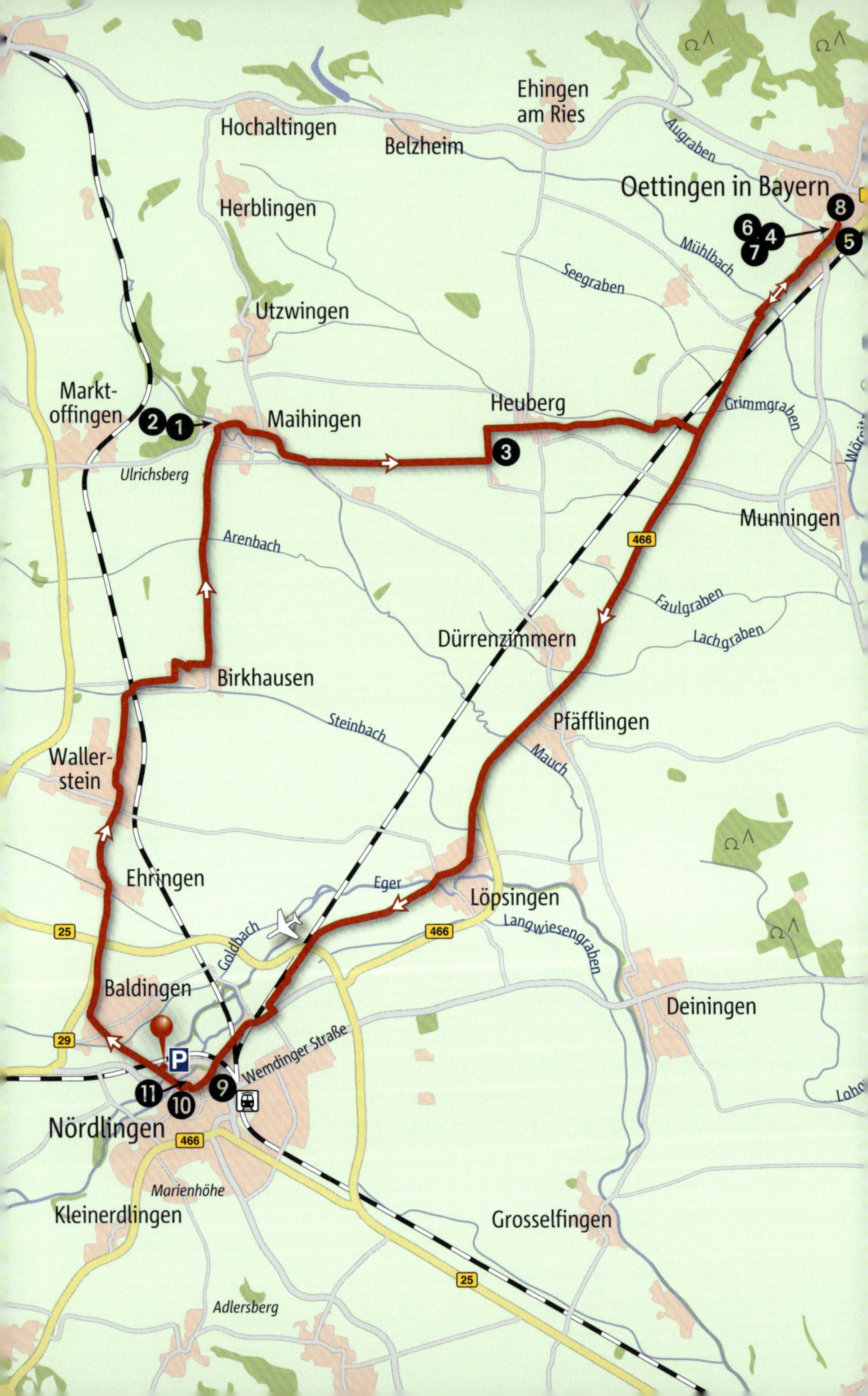
Hochaltingen
Belzheim
Ehingen am Ries
Augraben
Oettingen in Bayern
Herblingen
Mühlbach
Seegraben
Utzwingen
Markt-offingen
Maihingen
Heuberg
Grimmgraben
Ulrichsberg
Munningen
Arenbach
466
Faulgraben
Lachgraben
Dürrenzimmern
Birkhausen
Steinbach
Pfäfflingen
Mauch
Waller-stein
Ehringen
Eger
Löpsingen
Langwiesengraben
25
Goldbach
Baldingen
Deiningen
29
Wemdinger Straße
Nördlingen
Marienhöhe
Kleinerdlingen
Grosselfingen
Adlersberg

Entspannung ✱✱✱✱✱
Genuss ✱✱✱✱✱
Erlebnis ✱✱✱✱✱

WIE & WANN:
Asphaltierte Wege, wenig befahrene Straßen bzw. Radwege entlang der Straße; ganzjährig befahrbar, am besten in den späten oder frühen Sommermonaten

HIN & WEG:
Auto: Parkplatz Kaiserwiese, Kaiserwiese, 86720 Nördlingen (GPS 48.855330, 10.484818)
ÖPNV: RB 89 von Aalen oder Donauwörth bis Bahnhof Nördlingen. Vom Bahnhof in nördlicher Richtung bis zum Kreisverkehr, dort links weiter auf der Wemdinger Straße bis zur Abzweigung Löpsinger Graben, dort rechts, um auf Höhe des Löpsinger Tors auf die Tour einzuschwenken

ESSEN & ENTSPANNEN:
Gaststätte Goldener Ochse ❺ Schloßstraße 51, 86732 Oettingen in Bayern, Tel. (0 90 82) 86 42, www.goldener-ochse.com/biergarten
Eiscafé Raffaello ❼ Schloßstraße 20, 86732 Oettingen in Bayern, Tel. (01 71) 3 81 57 44

ENTDECKEN & ERLEBEN:
Museum KulturLand Ries ❶ Klosterhof 3 und 8, 86747 Maihingen, Tel. (0 90 87) 9 20 71 70
Klosterkirche Maihingen ❷ Klosterhof 5, 86747 Maihingen, Tel. (0 90 87) 92 99 90, www.kloster-maihingen.de
Ehemaliger Flugplatz Heuberg ❸ 86732 Oettingen in Bayern
Storchenhauptstadt ❹ das Storchentagebuch findet sich unter www.oettingen.de/stoerche
Geopark Ries Infozentrum ❻ Schloßstraße 36, 86732 Oettingen in Bayern, Tel. (0 90 82) 7 09 52
Residenzschloss der Fürstenfamilie zu Oettingen-Spielberg ❽ Schloßstraße 1, 86732 Oettingen in Bayern, Tel. (0 90 82) 96 94 12, www.oettingen-spielberg.de
Stadtmauermuseum im Löpsinger Tor ❾ An der Löpsinger Mauer 3, 86720 Nördlingen, Tel. (0 90 81) 91 80 bzw. (0 90 81) 8 41 16
Historische Altstadt ❿ 86720 Nördlingen
RiesKraterMuseum ⓫ Eugene-Shoemaker-Platz 1, 86720 Nördlingen, Tel. (0 90 81) 8 47 10, www.rieskrater-museum.de

- 43,5 Kilometer
- 144 Höhenmeter
- 4,5 Stunden
- Rundtour

Günzpark

Drei Flüsse Tour

Frühling im Günzburger Land

Wir starten unsere abwechslungsreiche Radtour durch die blühenden Wiesen und Felder des Günzburger Landes am Parkplatz des **Waldbades Günzburg ①,** auf dem mit dem Auto kostenfrei und mit dem Wohnmobil gegen einen geringen Obolus direkt am Waldrand geparkt werden kann. Die Tour führt uns auf weiten, ebenen Strecken entlang der **Flussläufe von Günz, Kammel und Donau**.

Wir starten vom Parkplatz in südlicher Richtung auf dem Radweg entlang der **Heidenheimer Straße** und queren zuerst die Donau und im Anschluss die Bahngleise. An der Kreuzung **Ulmer Straße** biegen wir halblinks in den **Stadtberg** ein. Wir rollen über die **Günz** und erreichen nach 210 Metern die Kreuzung mit der **Wagnergasse,** an der wir uns rechts halten und dem Rad-Hauptwegweiser in Richtung **Wasserburg,** einem südlich gelegenen Günzburger Ortsteil, folgen. Am Kinderspielplatz queren wir ein zweites Mal die munter vor sich hinplätschernde Günz und orientieren uns hinter der Brücke links in die Straße **Auf dem Gries.** Nach 450 Metern rollen wir in Günzburgs stadtnahe Grüne Lunge, den **Günzpark ②,** ein. Dieser heißt mit offiziellem Namen Hagenweide und lädt mit seinen unzähligen Parkbänken im Schatten der hohen Bäume bereits zu einem ersten Verweilen ein.

*Die **Günz**, deren Name sich von der keltischen Flussgöttin Guntia ableitet, ist einer der vielen Nebenflüsse der Donau und mit knapp 100 Kilometern das längste Bachsystem in Bayern. Ihren Ursprung hat sie im Unterallgäu.*

Wir folgen den Radwegweisern durch den Park, halten uns an der Gabelung nach 220 Metern rechts und queren nach weiteren 200 Metern die **Butzengünz.** An der darauffolgenden T-Kreuzung zum **Wasserburger Weg** halten wir uns links und folgen diesem für

Großkötzer Baggersee

Die beiden Seen **Günzrieder Weiher** und **Großkötzer Baggersee** liegen wunderbar idyllisch in einem Laubwäldchen und sind perfekte Orte, um sich in den Sommermonaten im kühlen Nass zu erfrischen oder einfach nur die Seele baumeln zu lassen.

einen Kilometer, queren dann die **Denzinger Straße** und rollen weiter auf der **Ortsstraße** durch Wasserburg. Hier ist bereits **Ichenhausen** am Rad-Hauptwegweiser ausgeschildert.

Nach 400 Metern queren wir rechter Hand die Bahnschienen und rollen auf dem **Westlichen Bahnweg** in Richtung Großkötz, die Schienen nun zu unserer Linken. Mit dem Unterqueren der **A 8** lassen wir die verkehrsreicheren Gebiete der Günzburger Umgemeinden hinter uns, denn das nächste Wegstück führt uns in das **Naherholungsgebiet** rund um den **Günzrieder Weiher** sowie den **Großkötzer Baggersee ❸.** Wir folgen daher hinter dem Günzrieder Weiher dem asphaltierten Wirtschaftsweg zuerst in einem Links- und dann einem Rechtsknick.

Am Seeufer des Großkötzer Baggersees brechen am Vormittag die Sonnenstrahlen durch das dichte Blätterwerk der Laubbäume, die sich im grünblauen Wasser spiegeln. Dabei bilden die hellen Rinden der Birken einen starken farblichen Kontrast zur überbordenden Natur, die vor allem in den Sommermonaten das Ufer der Seen in sattem Grün säumt. Hier an den Seen

Für die Seele

Auf den Wiesen entlang von Günz und Kammel lassen sich im Frühjahr wunderbar die Storcheneltern bei der Futtersuche für ihre Kleinen beobachten.

wechselt die Wegbeschaffenheit von Asphalt zu Schotter. Wir lassen im Anschluss die Kläranlage auf der rechten Seite hinter uns und rollen auf dem Wirtschaftsweg bis zur Kreuzung mit der Großkötzer **Ortsstraße.** Hier orientieren wir uns, dem **Günztal-Radweg** ④ weiter folgend, links und queren erneut die **Günz.**

Dabei lohnt sich auf den kommenden Streckenabschnitten auch immer mal wieder der Blick nach oben, um nach den **Storchennestern** auf den Giebeln und Schornsteinen der Kirchen Ausschau zu halten.

Nach 450 Metern biegen wir in **Kleinkötz** nach rechts in die **Raiffeisenstraße** ein und radeln 2,7 Kilo-

Zwischen Raps und Schienen

meter durch Felder parallel zu den Bahnschienen nach **Hochwang.** An der T-Kreuzung mit der Bahnstraße orientieren wir uns rechts, queren abermals die Schienen sowie nochmals das Flüsschen Günz und folgen dem **Günztal-Radweg** weiter in südliche Richtung. Dieser verläuft 2,5 Kilometer direkt am westlichen Ufer, welches teilweise so dicht bewachsen ist, dass es vielen Wasservögeln beim Brüten Schutz vor Fressfeinden und den neugierigen Blicken der Wanderer und Radfahrer bietet.

*Als Zweigstelle des Bayerischen Nationalmuseums wurde im Jahr 1984 das **Bayerische Schulmuseum** eröffnet. Das interaktive Museum begeistert Jung und Alt mit der Geschichte und natürlich auch vielen Geschichten rund um das Lehren und Lernen.*

An der Kreuzung mit der Landstraße halten wir uns links und folgen dem Straßenverlauf weiter nach **Ichenhausen.** Nachdem wir zuerst die Günz und dann die Bahnschienen auf der **Bgm.-Thaler-Straße** gequert haben, biegen wir direkt dahinter halbrechts in den **Badberg** ein. Kurz bevor unsere Route die B 16 kreuzt, erreichen wir die zu rechter Hand liegende **Stadtpfarrkirche St. Johannes Baptist** mit ihrer schlichten, achteckigen Turmspitze. Auf dem angrenzenden **Marktplatz** befindet sich rund um die Osterfeiertage der schönste und größte **Osterbrunnen** ❺ im Günzburger Land. Mehr als zweitausend bunte Ostereier schmücken dann den ansonsten schlichten Marktbrunnen mit seinen schmiedeeisernen Verzierungen. Für eine kulturelle Auszeit bietet sich ein Besuch des sehenswerten **Bayerischen Schulmuseums** ❻ an, das nur einen Steinwurf vom Marktplatz entfernt vorzufinden ist.

Osterbrunnen

Wir folgen der **B 16**, die zunächst Marktstraße und nach der Rechtskurve Günzburger Straße heißt, in nördlicher Richtung bis zur Abzweigung **Ettenbeurer Straße.** Hier ist am Rad-Hauptwegweiser **Kammeltal** ausgeschildert. Links befindet sich die **Evangelische Stadt-**

kirche St. Peter und Paul, rechts die **Raiffeisenbank**. Wir folgen der **Ettenbeurer Straße** bis zum Ortsende von Ichenhausen. Ab dem Ortsende steht uns ein baulich getrennter Radweg zur Verfügung und wir erreichen **Ettenbeuren** nach rund 3 Kilometern. Dabei haben wir eine Steigung zu überwinden, genießen aber im Anschluss die Fahrt durch ein im Frühsommer wundervoll duftendes Waldstück und vorbei an gelb blühenden Rapsfeldern hinab ins Tal.

Noch bevor wir in Ettenbeuren einrollen und die Kammel queren, biegen wir unmittelbar vor der Brücke nach links auf den geschotterten **Kammeltal-Radweg ⑦** ein. Diesem folgen wir bis in das 2,5 Kilometer entfernte **Wettenhausen.** Hier gibt das flache, ländliche Idyll den Blick fast bis zum Horizont frei. Das Zirpen der Grashüpfer wird nur noch vom Wiehern der Pferde auf den Koppeln entlang der Strecke unterbrochen. Am Ortseingang von Wettenhausen stoßen wir auf die **Dossenbergerstraße,** in welche wir nach links einbiegen und ihr 400 Meter bis zum Eingangsportal des **Dominikanerklosters Wettenhausen ⑧** folgen. Dort statten wir der üppigen **barocken Klosterkirche,** die im Übrigen ein wunderbares Beispiel für den Schwäbischen Barock darstellt, einen Besuch ab.

Um unsere Tour fortzusetzen, radeln wir 160 Meter zurück und biegen scharf nach links in den schmalen, sich zwischen zwei Häusern befindenden **Kleinbeurer**

*Das **Dominikanerkloster Wettenhausen,** dessen urkundliche Erwähnung bis in das Jahr 1130 zurückreicht, ist mit seinen markanten Zwiebeltürmen schon von weither sichtbar. Neben der Klosterkirche kann ein kleines, aber feines Klostermuseum besichtigt werden.*

Kloster Wettenhausen

Kammeltal-Radweg

Weg ein. Auf diesem queren wir nach einem halben Kilometer die **Kammel** und halten uns an der nachfolgenden Abzweigung links. In 500 Metern beschreibt der Weg einen Linksknick und wir folgen weiter gemütlich für 1,4 Kilometer dem **Kammeltal-Radweg** direkt am Flussufer, bis wir in **Hammerstetten** auf den **Mühlweg** stoßen. Wir orientieren uns links und rollen auf dem Mühlweg in den Ort bis zur **Wettenhauser Straße,** an der wir rechts in Richtung **Limbach** abbiegen. Nach 700 Metern geht es nochmals rechts in Richtung **Nußlacherhof** ab.

Hinter dem Gehöft folgen wir der wenig befahrenen **Hammerstetter Straße** weiter in nördlicher Richtung. Der Weg führt uns wieder durch Felder und Wiesen, wobei wir nach 1,4 Kilometern ein zweites Mal die **A 8** unterqueren. Die Hammerstetter Straße macht hier einen leichten Rechtsknick und mündet nach 700 Metern auf die Landstraße. Hier biegen wir

Schwäbischer Barock

nach rechts auf den baulich getrennten Radweg ein und queren wieder einmal die **Kammel.** Am Gasthof Adler in **Unterknöringen,** welcher sich linker Hand befindet, biegen wir nach rechts in die **Josef-Zech-Straße** ein. Wir queren die Landstraße und folgen dem geschotterten **Kammeltal-Radweg** für weitere 1,5 Kilometer. **An der Staatsstraße** orientieren wir uns zuerst links, nach guten 100 Metern wieder rechts und folgen dem Rad-Hauptwegweiser in Richtung **Silbersee.** Dabei führt uns die Route wieder direkt am Flussufer der Kammel entlang. Am Silbersee befindet sich (leider) kein versunkener Schatz, dafür ist man vor Wegelagerern sicher, wenn man seinen Eisbecher oder auch leckere Pasta auf der Terrasse mit Seeblick im **Ristorante Am Silbersee** 9 genießt.

Wir radeln am **Campingplatz am Silbersee** vorbei, weiter in Richtung Offingen, orientieren uns an der nächsten T-Kreuzung rechts und nach 110 Metern wiederum links. Durch Felder und Wiesen rollend, queren wir nach 850 Metern die **Mindel** und erreichen nach weiteren 700 Metern eine Bahnlinie. Vor der Brückenauffahrt halten wir uns rechts, unterqueren die Brücke nach links und folgen den Schienen für

650 Meter. Hinter der nächsten Brücke folgen wir dem Wirtschaftsweg in einem Links-rechts-Knick bis an den Ortseingang von **Offingen** auf der **Lüßhofstraße.** An der **Evangelischen Versöhnungskirche** orientieren wir uns links und biegen kurz dahinter rechts in den **Wendelingsweg** ein, dem wir bis zur Bahnhofstraße folgen. Diese queren wir und rollen über die Straße **Am Sportplatz** an den Anlagen des TSV Offingen vorbei, dem Rad-Hauptwegweiser in Richtung **Donau-Radweg** folgend. An den Tennisplätzen halten wir uns links, überqueren die **Mindel** auf einem schmalen Holzsteg und biegen an den Überresten der **Freyberg-Eiche** ⑩ in die **Steigstraße** ein.

Wo die Steigstraße auf die **Gundelfinger Straße** trifft, halten wir uns rechts in Richtung **Gundelfingen** und unterqueren die Bahnschienen. Nach einem knappen Kilometer erreichen wir die **Donaubrücke bei Offingen,** die wir auf dem baulich getrennten Radweg entgegen der Fahrtrichtung queren. Auf der rechten Seite der Straße lädt uns dann am nördlichen Donauufer die **Radlertankstelle** ⑪ nochmals zu einer kleinen Erfrischung ein, bevor wir auf unserer letzten Etappe

*Die 250 Jahre alte **Freyberg-Eiche** beeindruckte einst mit über 30 Metern Höhe und einem Stammdurchmesser von 1,5 Metern. Wechselnde Grundwasserstände und Trockenphasen ließen das Wurzelwerk absterben und so musste der Baum schlussendlich gefällt werden.*

Freyberg-Eiche

dem geschotterten **Donau-Radweg** ⓬ für insgesamt 9 Kilometer zurück nach **Günzburg** folgen. Dabei rollen wir ab der Staustufe Offingen ein Teilstück des Weges direkt auf dem Damm, wo sich im Frühjahr in den von Schilf umzäunten Sumpf- und Ruhezonen für Wasservögel wunderbar Schwäne und Enten beim Nisten beobachten lassen. Am Ufer laden in regelmäßigen Abständen Bänke zu einer kleinen Pause ein und durch den dichten Blätterwald schimmert das blaugrüne Wasser einzelner Seen, die sich wie selbstverständlich in die Auen einzufügen scheinen. Auf den letzten Kilometern ist bereits das **Waldbad** am Rad-Hauptwegweiser ausgeschildert. Dort lassen wir dann auch unsere abwechslungsreiche Radtour mit einem Sprung ins kühle Nass oder einem Kaffee vor dem Wohnmobil ausklingen.

Hallo Radfahrer

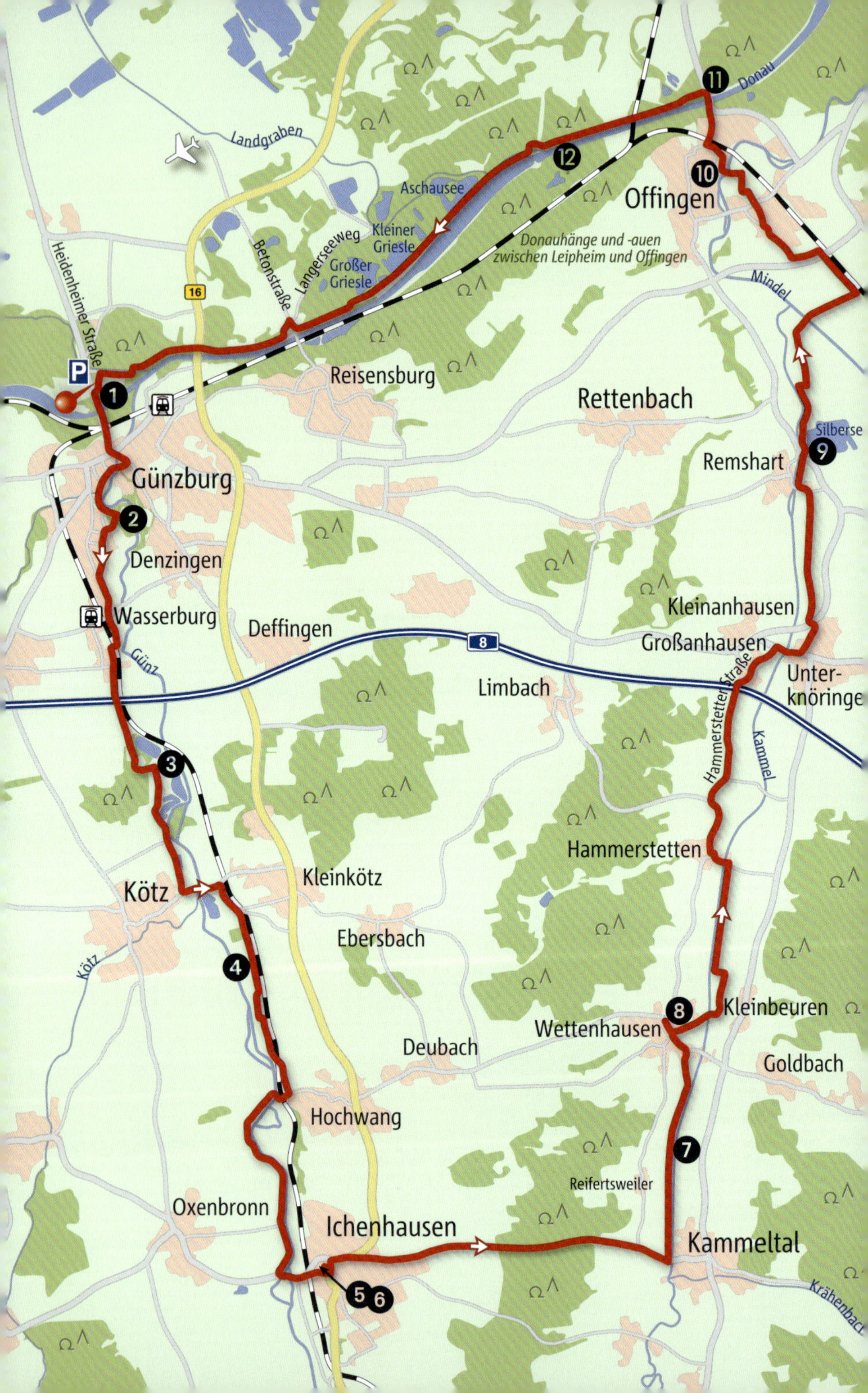

Donau
Landgraben
Aschausee
Kleiner Griesle
Großer Griesle
Langerseeweg
Betonstraße
Heidenheimer Straße
16
Offingen
Donauhänge und -auen zwischen Leipheim und Offingen
Mindel
Reisensburg
Rettenbach
Silberse
Remshart
Günzburg
Denzingen
Wasserburg
Deffingen
Kleinanhausen
Großanhausen
Unterknöringe
8
Limbach
Günz
Hammerstetter Straße
Kammel
Hammerstetten
Kötz
Kleinkötz
Ebersbach
Kleinbeuren
Wettenhausen
Deubach
Goldbach
Hochwang
Reifertsweiler
Oxenbronn
Ichenhausen
Kammeltal
Krähenbach

Entspannung ✱✱✱✱✱
Genuss ✱✱✱✱✱
Erlebnis ✱✱✱✱✱

WIE & WANN:
Mischung aus Asphalt- und geschotterten Wegen, vereinzelt Stadtverkehr und wenig befahrene Straßen bzw. Radwege entlang der Straße; am schönsten im Frühling ab Mai bei trockenem Wetter

HIN & WEG:
Auto: Parkplatz Waldbad Günzburg, Heidenheimer Straße 6, 89312 Günzburg (GPS 48.462341, 10.269114)
ÖPNV: RE 9, RB 15, RB 78 bis Hauptbahnhof Günzburg. Vom Bahnhofsvorplatz über die Schlachthausstraße 750 Meter bis Abzweigung Stadtberg

ESSEN & ENTSPANNEN:
Ristorante, Pizzeria und Eiscafé Am Silbersee ❾ Am Silbersee 3, 89364 Rettenbach, Tel. (0 82 24) 17 35, www.amsilbersee.de
Radlertankstelle am Donauufer ⓫ 89362 Offingen

ENTDECKEN & ERLEBEN:
Waldbad Günzburg ❶ Heidenheimer Straße 6, 89312 Günzburg, Tel. (0 82 21) 3 67 18 50, www.waldbadguenzburg.de
Günzpark ❷ 89312 Günzburg
Naherholungsgebiet Günzrieder Weiher und Großkötzer Baggersee ❸ 89359 Kötz
Günztal-Radweg ❹
Osterbrunnen ❺ Marktstraße, 89335 Ichenhausen
Bayerisches Schulmuseum ❻ Schloßplatz 3–5, 89335 Ichenhausen, Tel. (0 82 23) 61 89, www.schulmuseum-ichenhausen.de
Kammeltal-Radweg ❼
Dominikanerkloster Wettenhausen ❽ Dossenbergerstraße 46, 89358 Kammeltal, Tel. (0 82 23) 4 00 40, www.klosterwettenhausen.de
Freyberg-Eiche ❿ Steigstraße 20, 89362 Offingen
Donau-Radweg ⓬

Kammlach

- 30,8 Kilometer
- 154 Höhenmeter
- 3 Stunden
- Rundtour

Allgäublick

Zwischen Mindel und Kammel

Unsere rund 31 Kilometer lange Wohlfühltour führt uns, ganz im Süden Bayerisch-Schwabens an der Grenze zum Unterallgäu, durch das Land der Kirchen und Kapellen entlang der Ufer von **Mindel** und **Kammel.**

Wir starten auf dem Parkplatz am **Forum der Stadt Mindelheim.** Über die südlich des Parkplatzes gelegene Landsberger Straße rollen wir durch das imposante **Obere Tor,** eines der drei erhaltenen Mindelheimer Stadttore, auf der **Maximilianstraße** in die schmucke **historische Altstadt** ❶ mit ihren bunten und reichlich verzierten Patrizierhäusern ein. Hier laden die verschiedenen Geschäfte im Anschluss an unsere Rundtour zu einem entspannten Bummel ein. Auch den Besuch der zahlreichen, interessanten Museen heben wir uns für hinterher auf.

Nach 250 Metern biegen wir auf Höhe des **Marienplatzes** nach rechts in die **Kornstraße** ein und verlassen die Altstadt durch das nördliche **Einlasstor.** Wir queren die Teckstraße und fahren nur leicht nach links versetzt auf der **Westernacher Straße** weiter. An der Abzweigung **Birkenweg** orientieren wir uns rechts und folgen diesem parallel zur **Mindel.** Nach 400 Metern macht die Straße einen Rechtsknick und kreuzt nach 80 Metern die Chemnitzer und Königsberger Straße. Wir rollen weiter in nördlicher Richtung auf dem **Birkenweg** und lassen Mindelheim hinter uns. Nach ein paar hundert Metern erreichen wir auf dem **Mindeltal-Radweg** ❷ die Mindelheimer Futtertrocknung und Biogasanlage. Hier ist werktags auf Lastwagenverkehr achtzugeben.

***Mindelheim** zählt zu den museumsreichsten Städten in ganz Deutschland und der göttliche Beistand ist bei vier Kirchen und neun Kapellen allein im Stadtgebiet, von denen wir einige auf unserer Tour besuchen, nicht nur uns Radfahrern sicher.*

*Der **Mindeltal-Radweg** verläuft bequem bergab auf rund 87 Kilometern von der Quelle in der Nähe von Ronsberg im Ostallgäu bis hin zur Mündung in die Donau bei Gundremmingen.*

Wir folgen dem asphaltierten Wirtschaftsweg weiter in nördlicher Richtung durch das in Teilen wieder renaturierte, idyllische **Mindeltal.** Hier, in der flachen Ebene, ist die ehemalige **Klosterkirche St. Josef** des Mindelheimer Ortsteils **Lohhof** schon von weitem sichtbar. Heute befindet sich eine Therapieeinrichtung für Suchtkranke und ein von ihnen geführter **Hofladen** ❸ auf dem historischen Gelände. Das Kloster wurde von den Nonnen des Dominikanerordens aus Wettenhausen gegründet, war ursprünglich als Waisenhaus konzipiert und wurde später als Lazarett und Altenheim genutzt.

Für einen Abstecher zum Hofladen halten wir uns an der T-Kreuzung am ehemaligen **Lohhofer Fischweiher** rechts und folgen dem asphaltierten Wirtschaftsweg in östlicher Richtung bis kurz vor die **B 16.** Dort orientieren wir uns rechts. Der Eingang zum Hofladen befindet sich nur einen Steinwurf vom **Kapellchen St. Anna** entfernt im südlichen Gebäudeteil des Hofgutes.

Zur Weiterfahrt radeln wir zurück zum ehemaligen Fischweiher, nun geradeaus und biegen nach 110 Metern vor der Brücke rechts ein. Wir rollen für

Für die Seele

Der Katharinenberg hoch oben im Mindelheimer Bergwald ist ein wunderbarer Ort, um durchzuatmen und den Blick in die Ferne schweifen zu lassen.

750 Meter weiter auf dem Radweg entlang der Östlichen Mindel bis zur Kreuzung an der **Forellenzucht Simon.** Für einen Abstecher zum **Forell-o-maten** 4 halten wir uns rechts und folgen kurz darauf der B 16 etwa 200 Meter nach links bis zum **Weiherweg,** der uns erneut nach links auf das Gelände der Fischzucht Simon führt.

Für die Weiterfahrt in Richtung **Pfaffenhausen** geht es am Abzweig zum Abstecher nun geradeaus, hinter der **Östlichen Mindel** rechts und bald über einen unbeschrankten Bahnübergang. So erreichen wir den **Ortsrand von Hausen** auf dem **Sportplatzweg,** halten uns vor

*Der innovative **Forell-o-mat** an der Forellenzucht ist ein Hofladen der besonderen Art. Hier können leckere geräucherte Forellen, Lachsforellen oder Saiblinge 24 Stunden und sieben Tage die Woche gekauft werden.*

Ehemalige Klosterkirche St. Josef in Lohhof

der Brücke über die Östliche Mindel links und folgen dem **Mindel-Hochwasserüberlauf** für 1,3 Kilometer bis zu einer weiteren Brücke über den Fluss. Dahinter orientieren wir uns rechts und rollen weiter auf dem **asphaltierten Wirtschaftsweg,** der auf Höhe des Tennisplatzes in einem Linksknick in die Straße **Zur Ölmühle** mündet, der wir nach rechts folgen. An der T-Kreuzung mit der **Industriestraße** biegen wir in diese links ein und fahren an der darauffolgenden Kreuzung geradeaus in die **Blumenstraße.** Nach 280 Metern biegen wir an der **Kapelle Unserer Lieben Frau** nach rechts in die **Mindelbergstraße** ein. Diese trifft nach 300 Metern auf die **B 16,** welcher wir für 160 Meter in westlicher Richtung bis zu **Loris Pizzeria** ❺ folgen. Hier nehmen wir uns eine kulinarische Auszeit vom Sattel und entspannen im kinderfreundlichen Biergarten unter Apfelbäumen bei leckerer Pizza und einem kühlen Getränk.

Nach 110 Metern biegen wir mit der B 16 auf die **Krumbacher Straße** rechts ein und folgen dieser für

Fischweiher bei Lohhof

Mindeltal

450 Meter bis zu einem großen Supermarkt auf dem baulich getrennten Radweg. Wir unterqueren die B 16, indem wir uns links halten und im Anschluss auf der Landstraße nach **Weilbach** einrollen. Nach 280 Metern queren wir einen unbeschrankten Bahnübergang und fahren durch Felder und Wiesen 1,2 Kilometer bis zu einem **hölzernen Wegkreuz** am Ortsrand von **Weilbach** im **Kammeltal.**

*Der Name **Kammel** kommt aus dem Keltischen. Dort bedeutet kamb krumm und so ist es sehr passend, dass die Kammel in Anbetracht ihrer unzähligen Mäander auch als krummes Wasser bezeichnet wird.*

Dort radeln wir weiter in Richtung Weilbach und stoßen nach 400 Metern auf die **Weilbacher Straße.** Wir halten uns links und fahren 1,3 Kilometer auf dem **Kammeltal-Radweg** ❻ nach **Unterrieden.** An der T-Kreuzung zur **Bedernauer Straße** orientieren wir uns nochmals links und folgen dieser bis zur Abzweigung **Dorfstraße**. Das **Kneippbecken** ❼ unter hohen Bäumen sorgt für eine erfrischende Auszeit. Wir folgen der Dorfstraße für 350 Meter, halten uns rechts

Loris Pizzeria

Kneippanlage in Oberrieden

und rollen in den **Hohenschlauer Weg** ein. Nach einem Linksknick biegen wir nach 140 Metern in die **Mittelrieder Straße** ein und folgen dieser für 1,7 Kilometer, bis sie in Mittelrieden an der Abzweigung Kirchstraße in den **Riedweg** übergeht.

Entspannung pur

Auf Letzterem fahren wir für 550 Meter weiter und biegen links in die **Hohenreuter Straße** ein. Nach 170 Metern radeln wir nach rechts in die **Hauptstraße** in Oberrieden und folgen wenige Meter weiter dem Radwegweiser in den **Sportplatzweg**. Diesem folgen wir bis zum Sportplatz und zweigen auf Höhe des Spielfeldes rechts ab und nach 180 Metern wieder links. Nun rollen wir auf dem **asphaltierten Wirtschaftsweg** für 2,3 Kilometer in Richtung **Unterkammlach.** Im flachen **Kammeltal** haben wir, abhängig von der Wetterlage, einen fantastischen Blick auf die Ausläufer des Unterallgäus und natürlich auf die auch noch in den Sommermonaten teils **schneebedeckten Alpen.** An der Kreuzung mit der **Schulstraße** halten wir uns rechts und folgen dieser für 450 Meter bis zur Kreuzung **Untere Hauptstraße.** Auf dieser radeln wir in südlicher Richtung und wechseln nach 400 Metern die Straßenseite, um den baulich getrennten Radweg zu nutzen. Hier befindet sich nach wenigen Metern das **Käsewerk St. Mang ❽,** wo im hauseigenen Laden leckere Käsespezialitäten zu Fabrikverkaufspreisen angeboten werden. Wir folgen weiter der Straße, die nun **Obere Hauptstraße** heißt, durch Oberkammlach bis zur Kreuzung **Memminger Straße/Mindelheimer Straße** und orientieren uns auf Letzterer links weiter in Richtung Mindelheim. Am Ortsrand lassen wir die **Kapelle St. Josef** hinter uns und rollen entspannt für 2,6 Kilometer auf dem baulich getrennten Radweg an der Landstraße bis nach **Oberauerbach.**

Hier mündet der Radweg auf die **Unterauerbacher Straße.** Dieser folgen wir für wenige Meter nach links und halten uns dann gleich wieder rechts, um durch Felder und Wiesen erst den **Auerbach** und dann die

Herrgottsruh-kapelle

Westernach zu queren. Entlang der **Westernach** fahren wir in Richtung Landstraße und folgen dieser nach links für 170 Meter erneut auf dem Radweg. An der Kreuzung mit der **Memminger Straße** biegen wir in diese nach links ein.

Auf unserem letzten Wegstück zurück in die Mindelheimer Altstadt rollen wir durch den weitläufigen **Mindelheimer Bergwald ⑨,** einem zwei Quadratkilometer großen Mischwald aus Buchen und Fichten, der in den heißen Sommermonaten für schattige Abwechslung sorgt. Der Schatten ist auch uns willkommen, denn hier haben wir entlang der **Memminger Straße** die einzige sehr steile Steigung auf der Tour zu überwinden. An der Kreuzung am **Reit- und Fahrverein Mindelheim** haben wir es dann aber geschafft, denn ab dort geht es den Berg hinunter, bis wir durch das **Untere Tor** wieder in die Altstadt einrollen.

Zuvor genießen wir aber noch die **eindrucksvolle Aussicht** auf das historische Mindelheim und das direkte Umland und schauen uns die am Anfang des 17. Jahrhunderts erbaute barocke **Katharinenkapelle ⑩** an. Diese thront zur linken Hand, besitzt einen wunderschönen Altar und ist über Treppen zu Fuß erreichbar. Unser Fahrrad stellen wir dabei am **Wanderparkplatz** unweit der **Herrgottsruhkapelle** ab. Diese kann leider nur im Rahmen einer Stadtführung besichtigt werden.

*Der **Bergwald** ist neben dem Schloss Mindelburg, dem Wahrzeichen der Stadt, eines der beliebtesten Ausflugsziele für die ganze Familie hier in der Region und verfügt über ein dichtes Netz an Wander- und Spazierwegen.*

Im Anschluss rollen wir die **Memminger Straße** 600 Meter bergab und folgen ihr für weitere 200 Meter bis zum **Unteren Tor.** Dieses durchqueren wir und genießen nochmals eine Erfrischung am **Kneippbecken ⓫** an der **Jesuitenkirche Mariä Verkündigung.** Ein Muss für Kulturinteressierte ist der Besuch des einstigen Jesuitenkollegs, in dem seit Mitte der 1980er Jahre das **Schwerpunktmuseum des Bezirks Schwaben ⓬** beheimatet ist. Auch das empfehlenswerte **Schwäbische Krippenmuseum** und das **Südschwäbische Archäologiemuseum** befinden sich auf dem Areal.

Wir folgen der **Maximilianstraße** weiter in östlicher Richtung bis zum Marienplatz, wo wir von der Terrasse des **Eiscafés Gelatiamosi ⓭** aus das quirlige Treiben in der Innenstadt beobachten können. Durch das **Obere Tor** und entlang der **Landsberger Straße** rollen wir zurück zum Ausgangspunkt der abwechslungsreichen Rundtour.

Eiscafé Gelatiamosi

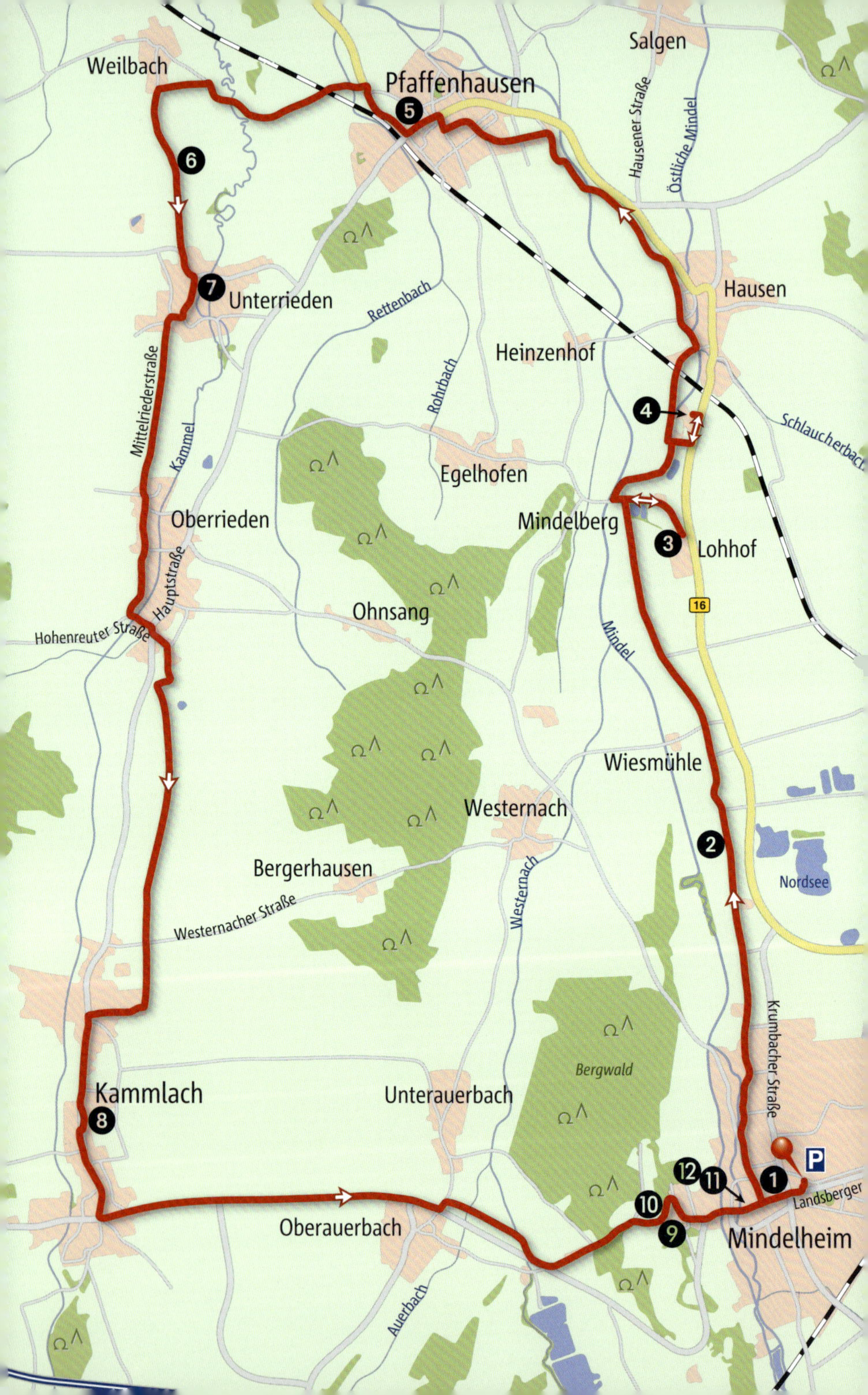
Weilbach
Pfaffenhausen
Salgen
Hausener Straße
Östliche Mindel
Unterrieden
Rettenbach
Hausen
Heinzenhof
Rohrbach
Schlaucherbach
Mittelriederstraße
Kammel
Egelhofen
Oberrieden
Mindelberg
Lohhof
Hauptstraße
Ohnsang
16
Hohenreuter Straße
Mindel
Wiesmühle
Westernach
Bergerhausen
Westernach
Nordsee
Westernacher Straße
Krumbacher Straße
Bergwald
Kammlach
Unterauerbach
P
Landsberger
Oberauerbach
Mindelheim
Auerbach

Alles auf einen Blick

Entspannung ✱✱✱✱✱
Genuss ✱✱✱✱✱
Erlebnis ✱✱✱✱✱

WIE & WANN:

Großteils asphaltierte Wege und wenig befahrene Straßen bzw. Radwege entlang der Straße; ganzjährig befahrbar, am besten im Frühsommer bis Herbst bei trockener Witterung

HIN & WEG:

Auto: Parkplatz am Forum der Stadt Mindelheim, Theaterplatz 1, 87719 Mindelheim (GPS 48.047981, 10.491317). Im mittleren Parkbereich kann kostenlos geparkt werden.
ÖPNV: RE 71, RE 72, RE 96, RB 78 bis Bahnhof Mindelheim. Vom Bahnhof über die Bahnhofstraße bis zum Kreisverkehr am Europabrunnen, dort rechts weiter auf der Bahnhofstraße bis zur Kreuzung Landsberger Straße/Maximilianstraße, dort links, um auf die Tour einzuschwenken.

ESSEN & ENTSPANNEN:

Klostergut Lohhof mit Hofladen ❸ Lohhof 3, 87719 Mindelheim, Tel. (0 82 65) 91 17 12 13, www.klosterlohhof.de **Forell-o-mat ❹** Forellenzucht Simon, Weiherweg 6, 87775 Salgen, Tel. (0 82 65) 16 93, www.forellenzucht-simon.de **Loris Pizzeria ❺** Hauptstraße 11, 87772 Pfaffenhausen, Tel. (0 82 65) 73 33 55, www.loris-pizzeria.de **Mang-Käsewerk ❽** Untere Hauptstraße 2, 87754 Kammlach, Tel. (0 82 61) 60 90, www.st-mang.com
Eiscafé Gelatiamosi ⓭ Kornstraße 1, 87719 Mindelheim

ENTDECKEN & ERLEBEN:

Historische Altstadt ❶ 87719 Mindelheim
Mindeltal-Radweg ❷
Kammeltal-Radweg ❻
Kneippbecken in Unterrieden ❼ Dorfstraße, 87769 Oberrieden
Mindelheimer Bergwald ❾ 87719 Mindelheim
Katharinenkapelle ❿ 87719 Mindelheim
Kneippbecken an der Jesuitenkirche Mariä Verkündigung ⓫ Maximilianstraße, 87719 Mindelheim
Schwerpunktmuseum Schwaben ⓬ Hermelestraße 4, 87719 Mindelheim, Tel. (0 82 61) 90 97 60, www.mindelheimermuseen.de

Allee im Schwäbischen Donaumoos

Gundelfinger Runde

Kultur & Aktiv Tour im Donaumoos

Wir starten unsere abwechslungsreiche, knapp 35 Kilometer lange Auszeittour durch das **Schwäbische Donaumoos** am öffentlichen **Parkplatz Obere Bleiche** im schönen **Gundelfingen an der Donau** und verlassen den Parkplatz in östlicher Richtung auf der **Walkstraße,** bis wir nach 160 Metern zur Kreuzung mit der **Bahnhofsstraße** gelangen. Hier biegen wir nach rechts ab und folgen dem Straßenverlauf für 650 Meter bis zum **Bahnhof,** der als alternativer Einstieg in die Tour dient. Nun halten wir uns rechts und folgen auf der **Xaver-Schwarz-Straße** dem Rad-Hauptwegweiser in Richtung **Peterswörth.** Nach 400 Metern orientieren wir uns links und unterqueren die Bahngleise. Dahinter biegen wir nach rechts auf den baulich getrennten Radweg entlang der **Peterswörther Straße** ein und radeln parallel zu den Bahngleisen durch ein optisch wenig ansprechendes Gewerbegebiet bis Peterswörth.

Gaststätte Wünsch

Wir rollen weiter auf der Straße durch den ländlich geprägten Ort und halten uns an der Abzweigung zur **Stegweide** links. Nach 300 Metern fahren wir auf dem baulich getrennten Radweg und unterqueren auf diesem eine Landstraße und die Bahngleise. Etwa 170 Meter hinter dem **Sportheim** des SSV Peterswörth erreichen wir die Kreuzung **Offinger Straße,** biegen in diese nach links ein und erreichen zügig die **Ausflugsgaststätte Wünsch ❶.** Hier ha-

*Bei der **Denzel-Kapelle** in Gundelfingen bilden Blutbuchen die „grüne" Wand hinter den grafisch gestalteten Glaswänden und machen so die Verbindung zwischen außen und innen, zwischen Natur, Architektur und Spiritualität zu einem intensiven Erlebnis.*

ben wir nicht nur die Möglichkeit zu einer Stärkung im Biergarten, sondern auch zu einem Sprung ins kühle Nass des **Wünschsees ❷.**

Wir folgen dem asphaltierten Wirtschaftsweg entlang des glasklaren und blau im Sonnenlicht schimmernden Sees in südliche Richtung und erreichen nach 1,7 Kilometern die moderne **Denzel-Kapelle Gundelfingen ❸,** die ganz im Gegensatz zu anderen Wegkapellen wie ein kleiner Tempel anmutet und sich gerade durch ihre ungewöhnliche Holzbauweise wunderbar in das umliegende Wäldchen einfügt.

Wir rollen für weitere 450 Meter auf dem **asphaltierten Wirtschaftsweg** und halten uns an der folgenden Kreuzung rechts. Ab hier führt uns das nächste Teilstück mit dem Rad-Hauptwegweiser in Richtung **Günzburg** bis zur Kreuzung mit der **B 16** auf insgesamt 3,7 Kilometern durch die Wiesen und entlang den Entwässerungsgräben der idyllischen **Riedlandschaft,** in der es im Sommer nach Bärlauch und gemähtem Gras duftet. Nach der Kreuzung folgen wir dem **asphaltierten Wirtschaftsweg** für weitere 750 Meter und

Für die Seele

Vom Beobachtungsturm Sophienried aus genießen wir die Ruhe und die fantastische Aussicht über die flache Riedlandschaft und die Gundelfinger Seenplatte.

halten uns an der Weggabelung weiter rechts. Nach 2,1 Kilometern rollen wir an zwei kleinen Seen vorbei und erreichen nach 450 Metern erneut eine Weggabelung, an der wir uns rechts orientieren. Beim Queren der **B 16** müssen wir Vorsicht walten lassen. Für einen alternativen und rund 14 Kilometer kürzeren Tourenverlauf halten wir uns geradeaus, um nach 600 Metern nach rechts wieder auf die Hauptroute einzuschwenken.

Um der schönen und lohnenden Hauptroute weiter zu folgen, orientieren wir uns jedoch links in

Denzel-Kapelle Gundelfingen

Richtung **Günzburg** und rollen auf dem baulich getrennten Radweg entlang der **B 16.** Nach 600 Metern erreichen wir über den Rastplatz die Einfahrt zum **Kulturgewächshaus Birkenried ④,** direkt am Rande des Gundelfinger Mooses. In den ehemaligen Gewächshäusern und auf dem Außengelände finden nicht nur Ausstellungen, Konzerte und Workshops statt, sondern auch ein **Skulpturenpark am Seeufer** mit über hundert Exponaten lädt zu einer entspannten Auszeit vom Sattel ein. Auf unserer Weiterfahrt radeln wir 2,6 Kilometer weiter den baulich getrennten Radweg entlang der **B 16** und folgen dann dem Rad-Hauptwegweiser in Richtung **Riedhausen** nach rechts in den Riedhauserweg.

Nach 750 Metern erreichen wir den **Flugplatz Günzburg-Donauried.** Hier ist der Ampel für Start und Lan-

Landmarke Donaumoos

dung Folge zu leisten. An der Kreuzung beim Flughafen halten wir uns geradeaus und folgen dem **Landgraben** für 2,2 Kilometer bis zur **Landmarke Donaumoos ❺.** Die Landmarke Donaumoos befindet sich auf dem Gelände des ehemaligen Vollmer-Kieswerks und ist eine der jüngsten **Informations- und Begegnungsstätten** in der Region.

Nach weiteren 1,1 Kilometern auf dem **Unteren Moosweg** erreichen wir **Riedhausen** und biegen dort nach rechts in die **Von-Maldeghem-Straße** ein. Jetzt ist auf dem Rad-Hauptwegweiser bereits **Bächingen** ausgeschildert. Wir folgen der gewundenen Von-Maldeghem-Straße, deren Straßenverlauf nach 850 Metern einen starken Links- und nach weiteren 210 Metern einen Rechtsknick macht, bis zur Kreuzung am **Gasthaus Nieß,** welches unübersehbar auf der linken Straßenseite, als Teil eines Gehöfts, liegt.

Bei der Gaststätte halten wir uns rechts und radeln 450 Meter auf dem asphaltierten Wirtschaftsweg. Wir biegen links ab und rollen immer entlang des ausgeschilderten Radweges weitere 1,6 Kilometer durch das beschauliche **Gundelfinger Moos.** An der T-Kreuzung

*An der **Landmarke Donaumoos** wird die wechselvolle Geschichte des Schwäbischen Donaumooses im Spannungsfeld zwischen Hochwasser und Trockenheit, Torf- und Kiesabbau, Schafbeweidung und landwirtschaftlicher Nutzung sowie als Naturschutzgebiet beleuchtet.*

Riedhausen

orientieren wir uns rechts und erreichen nach 850 Metern den **Beobachtungsturm Sophienried** ❻ mit Blick auf die **Gundelfinger Seenplatte.** Wir fahren auf dem geschotterten Feldweg einen weiteren Kilometer in südlicher Richtung entlang der Seenplatte und halten uns an der folgenden Weggabelung links. Durch die dichte Bewaldung am Weg- und Uferrand liegen viele der Seen verwunschen im Grün verborgen. Wir erreichen nach 1,2 Kilometern das **Asphaltmischwerk Günzburg-Gundelfingen,** an dem an Sonn- und Feiertagen eine angenehme Stille herrscht, und rollen weitere 450 Meter den **Haldeweg** entlang. Hier können wir derweil schon die ersten Wakeboarder und Wasserskifahrer auf dem **Gufisee** beobachten. Für ein wenig Spaß und einen Adrenalinschub stellen wir uns hier selbst auf die Skier und probieren nach einer professionellen Einweisung auf der **Wasserski- und Wakeboard-Anlage am Gufisee** ❼ unser Glück.

*Die **Wasserski- und Wakeboard-Anlage** am Gufisee ist hier in der Region einzigartig und bietet auch Kurse an. Wer selbst keine Ausrüstung dabeihat, kann natürlich alles Notwendige, von der Schwimmweste bis zum Neoprenanzug, vor Ort ausleihen.*

Gufisee

Für die Weiterfahrt nach **Bächingen** nutzen wir den baulich getrennten Radweg entlang der **Seehofstraße,** der nach 1,9 Kilometern in einer Linkskurve nach rechts in einen asphaltierten Wirtschaftsweg abzweigt und 700 Meter durch Felder und Wiesen führt. Dort folgen wir dem Verlauf des Weges in einem Linksknick und erreichen nach wenigen Metern die Anfänge des beschaulichen **Bächinger Wohngebietes.** Wir folgen nun dem **Schelmenheckweg,** bis wir nach 700 Metern auf die **Gundelfinger Straße** treffen. In diese biegen wir nach rechts und im Anschluss gleich wieder nach links in den **Eidechsenweg** ein. Diesem folgen wir für 160 Meter bis zur **Schloßstraße.** Hier machen wir einen Abstecher nach links zur knapp 200 Meter entfernten **Umweltstation mooseum** ⑧.

*In der **Umweltstation mooseum** können alle Generationen Natur und Kultur in der Brenzregion erleben. Darüber hinaus gibt es spannende Veranstaltungen und eine Ausstellung zur Faszination des Schwäbischen Donautals.*

Umweltstation mooseum

Brenz in Gundelfingen

Zur Weiterfahrt rollen wir die Schloßstraße zurück zur Abzweigung Eidechsenweg, fahren nun geradeaus weiter und erreichen nach 120 Metern einen Steg über die **Brenz.** Wir queren den Fluss und folgen auf dem **Brenztal-Radweg** ⑨ dem bewaldeten Flussufer. Nach 1,9 Kilometern passieren wir das **Stauwehr an der Kleinen Brenz** und queren den linken, nördlichen Arm der Brenz. Nach weiteren 1,4 Kilometern entlang der Kleinen Brenz erreichen wir den **Schnellepark** ⑩ in Gundelfingen an der Donau.

Hier, in der liebevoll gestalteten Freizeitanlage, können wir unsere beanspruchten Waden nochmals im Kneippbecken entspannen, bevor wir erneut die Brenz auf der **Oberen Vorstadt** queren und der Straße weiter in einem Rechtsknick folgen. An der Kreuzung mit der **Günzburger Straße** halten wir uns rechts und biegen nach 230 Metern nach links in die **Walkstraße** ein. Dieser folgen wir 130 Meter in östliche Richtung und halten uns hinter der Hausnummer 20 links, um nach 50 Metern zum Ausgangspunkt unserer Tour zurückzukommen.

*Der **Brenztal-Radweg** gehört zu den schönsten Radwegen am Rand der Schwäbischen Alb. Auf einer Streckenlänge von 56 Kilometern kann dabei die einzigartige Landschaft zwischen Königsbronn und Lauingen, wo die Brenz in die Donau fließt, erradelt werden.*

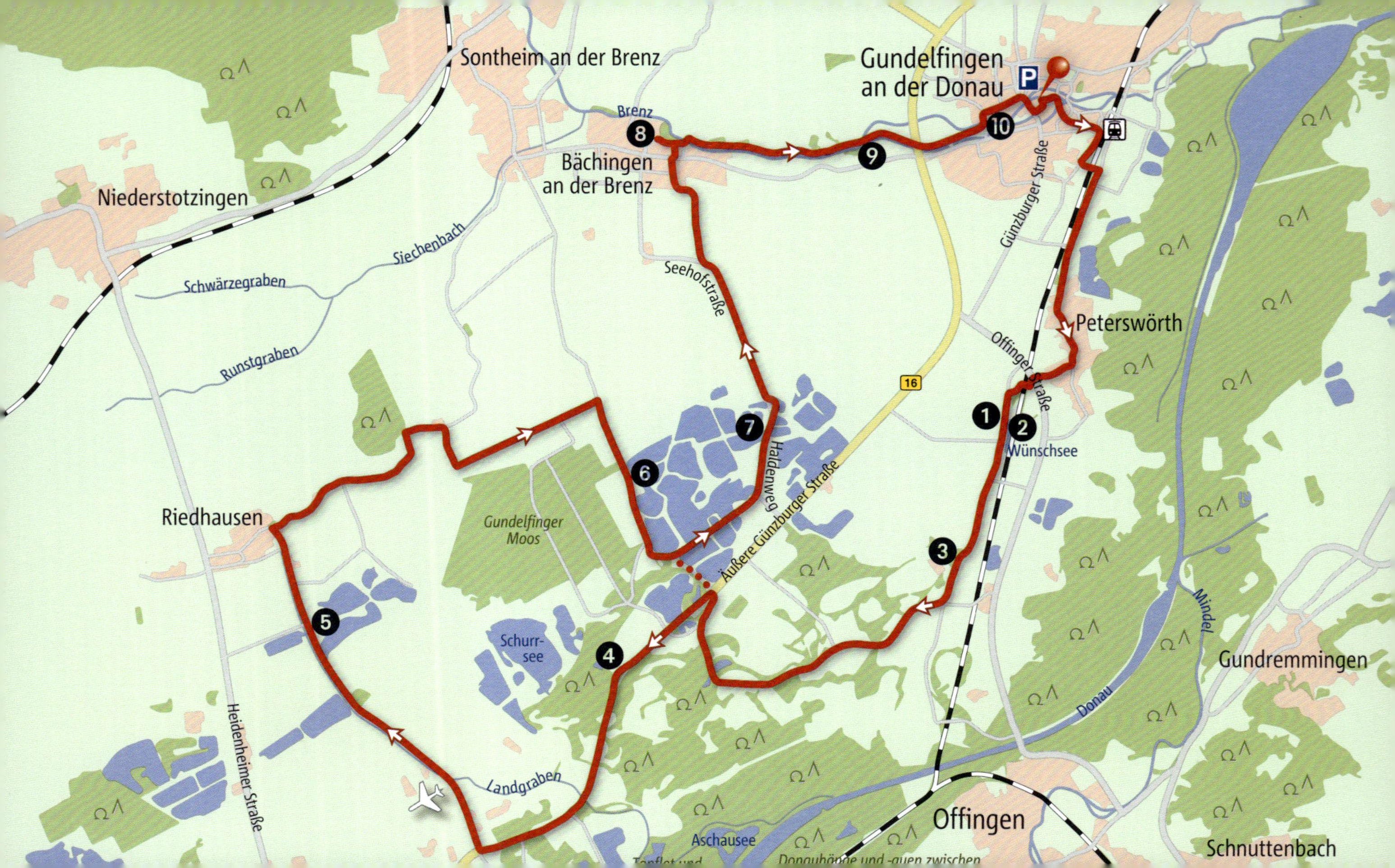

Sontheim an der Brenz
Gundelfingen an der Donau
Brenz
Bächingen an der Brenz
Niederstotzingen
Siechenbach
Schwärzegraben
Runstgraben
Seehofstraße
Günzburger Straße
Offinger Straße
Peterswörth
16
Wünschsee
Haldenweg
Äußere Günzburger Straße
Riedhausen
Gundelfinger Moos
Schurr-see
Heidenheimer Straße
Landgraben
Mindel
Gundremmingen
Donau
Aschausee
Offingen
Schnuttenbach

Entspannung ✱✱✱✱✱

Genuss ✱✱✱✱✱

Erlebnis ✱✱✱✱✱

WIE & WANN:
Straßen mit wenig Autoverkehr oder baulich getrennte Radwege, vorwiegend asphaltierte Wege; ganzjährig befahrbar, am schönsten zwischen Oster- und Herbstferien

HIN & WEG:
Auto: Parkplatz Obere Bleiche, Walkstraße 14, 89423 Gundelfingen (Donau) (GPS 48.551370, 10.367814)
ÖPNV: RB 15 von Ulm oder Ingolstadt bis Bahnhof Gundelfingen

ESSEN & ENTSPANNEN:
Gaststätte Wünsch ❶ Offinger Straße 2, 89423 Gundelfingen (Donau), Tel. (0 90 73) 5 08, www.gaststaette-wuensch.de
Kiosk an der Wasserski- und Wakeboard-Anlage am Gufisee ❼ Haldenweg 10, 89423 Gundelfingen (Donau), Tel. (0 90 73) 92 06 90, www.wasserski-gundelfingen.de
Café in der Umweltstation mooseum ❽ Schloßstraße, 89431 Bächingen (Brenz), Tel. (0 73 25) 95 25 83, www.mooseum.net

ENTDECKEN & ERLEBEN:
Naherholungsgebiet Wünschsee ❷ 89423 Gundelfingen (Donau)
Denzel-Kapelle Gundelfingen ❸ Offinger Straße, 89423 Gundelfingen (Donau)
Kulturgewächshaus Birkenried ❹ Birkenried 5, 89423 Gundelfingen (Donau), Tel. (01 72) 3 86 49 90, www.birkenried.de
Informations- und Begegnungsstätte Landmarke Donaumoos ❺ Unterer Moosweg, 89312 Günzburg
Beobachtungsturm Sophienried ❻ 89423 Gundelfingen (Donau)
Wasserski- und Wakeboard-Anlage am Gufisee ❼ siehe Essen & Entspannen
Umweltstation mooseum ❽ siehe Essen & Entspannen
Brenztal-Radweg ❾
Schnellepark ❿ 89423 Gundelfingen (Donau)

- 35,7 Kilometer
- 226 Höhenmeter
- 4,5 Stunden
- Rundtour

Schwäbischer Holzwinkel

Im Holzwinkel

Zwischen Welden und Wertingen

Unsere abwechslungsreiche, rund 36 Kilometer lange Auszeittour im Sattel beginnt auf dem kostenfreien **Parkplatz Festplatz** in Welden und führt uns über die futuristisch anmutende **Denzel-Kapelle in Emersacker** bis nach **Wertingen** am Rand des Donautals. Durch das idyllische **Zusamtal** radeln wir wieder zurück in den bewaldeten Holzwinkel, den nördlichsten Teil des **Naturparks Augsburg Westliche Wälder.**

Wir starten auf dem **Wiesenweg** nach Norden und rollen geradeaus weiter auf den Radweg, welcher nach wenigen Metern den **Klosterbach** auf einem Holzsteg quert. Am Rad-Hauptwegweiser ist **Emersacker** ausgeschildert. Parallel zum **Flüsschen Laugna** und behütet von der **Karmelitinnenklosterkirche St. Thekla** auf dem Bergkamm radeln wir weiter auf dem Radweg, queren die Ganghoferstraße und folgen weiter der **Laugnastraße** bis zur Kreuzung mit dem **Mühlweg.** In diesen biegen wir nach links ein und halten uns nach 130 Metern wieder rechts. Wir folgen nun der Straße **Am Anger** für 230 Meter und halten uns auf dem Radweg weiter geradeaus bis zum Parkplatz eines **Supermarktdiscounters.** Dort orientieren wir uns erst links und biegen im Anschluss nach rechts auf den baulich getrennten Radweg ent-

St. Thekla

*Die Architektur der **Denzel-Kapelle in Emersacker** ist geprägt von dem sakralen Innenraum, der einen starken Kontrast zur Natur aufbaut und dessen einzige Lichtquelle das mit blauem Glas gestaltete Oberlicht darstellt, als Verbindung nach „Oben".*

lang der Landstraße in Richtung **Zusamzell** ein. Nach einem knappen Kilometer orientieren wir uns wieder rechts, dem Rad-Hauptwegweiser in Richtung **Emersacker** weiter folgend. Große Teile der nächsten 1,5 Kilometer bis zur **Denzel-Kapelle Emersacker** ❶ radeln wir entspannt unter schattigen Fichten entlang des **Fugger'schen Waldes.** Die von Wilhelm Huber gebaute Denzel-Kapelle, deren Äußeres an einen großen Baumstumpf erinnert, ist inmitten des dichten Grüns ein besonderer Ort der Stille und Meditation. Auf der Bank vor der Kapelle ist zudem der ideale Platz für eine erste Brotzeitpause.

An der Weggabelung hinter der Kapelle folgen wir dem Radwegweiser nach rechts und radeln einen halben Kilometer weiter durch das Flusstal der durch die Wiesen mäandernden **Laugna.** An der darauffolgenden Kreuzung biegen wir scharf nach rechts und folgen weiter der Beschilderung für Radfahrer. Nach 350 Metern halten wir uns geradeaus und rollen bis zur T-Kreuzung am Waldrand. Wir orientieren uns rechts und in 140 Metern links, dem Rad-Hauptwegweiser in Richtung **Bocksberg (über Wirtschaftswege)** folgend. Nach 700 Metern passieren wir den 1,8 Hektar großen, in Deutschland einzigartigen **Permakulturgarten Emersacker** ❷. Dabei handelt es sich um einen Arbeits- und Erfahrungsraum mit Tümpeln und Anbauflä-

Denzel-Kapelle Emersacker

Für die Seele

Wir rollen durch die duftenden, friedlichen Wälder des Schwäbischen Holzwinkels und lassen uns abseits aller Hektik vom Zwitschern der Vögel begleiten.

chen, auf denen eine ökologisch nachhaltige und zukunftsfähige Bewirtschaftung im Vordergrund steht.

Nach weiteren 700 Metern erreichen wir die Kreuzung am **Friedhof Modelshausen.** Diese queren wir und rollen weitere 650 Meter durch die Wiesen bis zu einer großen Feldkreuzung, an der wir uns rechts halten und auf dem **Marzelstetter Weg** in **Bocksberg** einrollen. An der T-Kreuzung mit der **Wertinger Straße** wenden wir uns links und folgen der **Landstraße,** außerorts auf einem baulich getrennten Radweg, für knapp 2 Kilometer bis in das Örtchen **Laugna.** Wir fahren auf der **Hauptstraße** durch den Ort und weiter entlang der Landstraße auf dem baulich getrennten Radweg in Richtung **Geratshofen,** einem Ortsteil von Wertingen. Am Kreisverkehr an der **Schwabenhalle** halten wir uns weiter Richtung Wertingen und biegen in 450 Metern nach rechts in die **Dorfstraße** ein. Dieser folgen wir in einem Links-rechts-Knick, queren das Flüsschen Laugna und folgen dem gewundenen, asphal-

Innenraum der Denzel-Kapelle

tierten Wirtschaftsweg einen Kilometer weiter in nördlicher Richtung. Wir überqueren die **Landstraße** bei Wertingen und radeln auf der **Geratshofer Straße** bis zur T-Kreuzung **Gottmannshofer Straße.** Hier biegen wir nach links ab und rollen auf dem Radweg 600 Meter durch ein Gewerbegebiet. Nach der Querung des **Flüsschens Zusam** verlassen wir den **Kreisverkehr** an der ersten Ausfahrt in die **Industriestraße.** Nach 290 Metern, direkt hinter der Brücke über das **Flüsschen Alte Zusam,** biegen wir nach links in das parallel zum Flüsschen verlaufende **Am Böhmengäßchen** ein. Schon hier weisen uns die beiden trutzigen Türme der **Kirche St. Martin** den Weg. Diese erinnern ein wenig an die Zinnen einer Burg und ragen in den blauen Himmel hinauf. Nach 210 Metern halten wir uns links und rollen durch das **Vitusgässchen** bis zur Kreuzung mit der **Pfarrgasse.** Wir orientieren uns rechts und folgen der **Pfarrgasse** in einem Linksknick bis zum heimeligen **Marktplatz Wertingen** ❸ mit seinen pastellfarben gestrichenen und teils mit Fachwerk versehenen Häusern. Wer bereits seine mitgenommene Brotzeit an der Denzel-Kapelle in Emersacker verspeist hat, kann hier im **Eiscafé San Marco** ❹ einen leckeren Eisbecher als Nachtisch genießen. Wir biegen in die **Schulstraße** ein und halten uns nach 50 Metern an der KFZ-Zulassungsstelle rechts, um im Anschluss in den Fuß- und Radweg durch den

Wildgehege bei Emersacker

Wertinger Marktplatz

Stadtpark einzubiegen. Von hier erreichen wir nach knapp 100 Metern das einzigartige **Radio- und Telefonmuseum ❺** in der **Fere-Straße.** Die umfassende Ausstellung, die jeden dritten Sonntagnachmittag im Monat oder im Rahmen einer Führung erkundet werden kann, ist in der ehemaligen Musikschule der Stadt beheimatet.

Wir rollen zurück zur Kreuzung mit der **Schulstraße,** halten uns dort rechts und erreichen nach wenigen Metern das **Schloss Wertingen,** in dem auch das örtliche **Heimatmuseum ❻** untergebracht ist. Hier werden die Geschichte und der Alltag der Region wieder lebendig. Weiter der **Schulstraße** folgend, queren wir die nächste Kreuzung, um nach halbrechts in die **Dillinger Straße** einzubiegen. Für die Rückfahrt nach Welden können wir uns im **Ristorante Pizzeria La Perla ❼** mit leckerer Pizza oder Pasta stärken. Nach 100 Metern biegen wir nach links in die **Haudelgasse** ein und folgen ihr in östlicher Richtung bis zur T-Kreuzung mit der **Zusmarshauser Straße.** Wir orientieren uns rechts, um nach 190 Metern nach links in den **Gießeweg** einzubiegen. Nach 400 Metern unterqueren wir die **Landstraße** und halten uns rechts. Wir folgen dem baulich getrennten Radweg für 350 Meter parallel zur Landstraße und orientieren uns dann links auf den **Zusam-Radweg** ❽ in Richtung **Zusamaltheim.**

Nach 1,7 Kilometern Fahrt durch Wiesen und Felder erreichen wir auf dem **Saumweg** den Ortsanfang von **Roggden**. Wir folgen weiter dem gut ausgeschilderten **Zusam-Radweg,** der uns über **Frühlingsstraße, Zusamstraße, Raiffeisenstraße, Kirchstraße** und **Raunsbergweg** durch den verschlafenen Ort führt. Nach weiteren 1,3 Kilometern erreichen wir auf einem asphaltierten Wirtschaftsweg den Ortsbeginn von **Zusamaltheim.**

Hier orientieren wir uns halbrechts und biegen dann nach links in die **Alemannenstraße** ein. An der T-Kreuzung mit der **Unteren Dorfstraße** radeln wir nach rechts und biegen nach 230 Metern in die **Baderstraße** ein. Diese führt uns vorbei am Gemeindehaus

*Der **Fernradweg im Zusamtal** verläuft auf rund 125 Kilometern von Kaufbeuren im Allgäu nach Donauwörth. Die mäandernde Zusam gilt als reizvollster Fluss im Naturpark Augsburg Westliche Wälder und mündet in die schöne blaue Donau.*

*Die Geschichte der schönsten Sehenswürdigkeit Wertingens, der **Schlossanlage** mit dem imposanten Graben, geht bis in das 14. Jahrhundert zurück. Hier ist heute neben dem Heimatmuseum auch der Sitz der Verwaltungsgemeinschaft Wertingen untergebracht.*

Schloss Wertingen

Rückfahrt nach Welden

*Auf unserer Tour fahren wir immer wieder Teilstrecken auf dem **7-Kapellen-Radrundweg**, der auf 153 Kilometern die sieben Holzkapellen, die in Zusammenarbeit mit renommierten Architekten von der Denzel-Stiftung errichtet wurden, verbindet.*

auf einem asphaltierten Radweg 700 Meter bis in das benachbarte **Sontheim.** Vor der **Filialkirche St. Stefan** halten wir uns rechts und biegen dann nach links in die **Heckengasse** ein. An der Kreuzung mit **Am Gaiselbach** fahren wir zuerst rechts und nach 100 Metern links. Auf einem weiteren **Saumweg** rollen wir **Villenbach,** dem 2,8 Kilometer entfernt gelegenen, nächsten Örtchen im **Zusamtal,** entgegen.

In Villenbach biegen wir nach rechts auf den **Postweg** und dann scharf nach links in die **Unterdorfstraße** ein. An der nächsten Abzweigung orientieren wir uns links und rollen auf der **Rischgauer Straße** in den gleichnamigen Ort, wobei wir erneut die Zusam queren. Ab hier ist bereits **Welden** am Rad-Hauptwegweiser ausgeschildert. An der Abzweigung **Hegnenbacher Staße** biegen wir nach rechts in diese ab und folgen wieder dem Zusam-Radweg für 1,2 Kilometer durch den Ort und entlang des Waldrandes bis an die **Kreuzung** mit der St.-Georg-Straße in **Hegnenbach.** Wir queren die Kreuzung und rollen auf der **Zusamzeller Straße** 1,7 Kilometer auf einer leicht hügeligen Wegstrecke bis zur Kreuzung mit der **St.-Nikolaus-Straße** in

Zusamzell. In diese biegen wir links ein und folgen ihr für 400 Meter bis zur Kreuzung mit der **Georg-Mader-Straße.** Hier folgen wir dem Rad-Hauptwegweiser in Richtung **Welden (über Forstwege)** und der somit landschaftlich schöneren Route durch die für den **Schwäbischen Holzwinkel** 9 charakteristischen Wälder.

Die nächsten 1,2 Kilometer geht es sportlich den Berg hinauf. An der T-Kreuzung halten wir uns rechts und folgen dem **asphaltierten Wirtschaftsweg** für 280 Meter, um im Anschluss nach rechts in einen geschotterten Feldweg einzubiegen.

Wer lieber auf asphaltierten Wegen rollt, kann ab Zusamzell bis an die Abzweigung zur Denzel-Kapelle auch die ***alternative Route*** *nach Welden über den Radweg an der Landstraße wählen. Bezüglich der Steigungen sind sie nahezu identisch.*

Der Feldweg verläuft in östlicher Richtung bis zum Waldrand und weiter in einem Rechtsknick 550 Meter durch den Forst. Wir orientieren uns, immer den Radwegweisern folgend, links und rollen 350 Meter an der im dichten Grün versteckten **Wertstoffsammelstelle Hegnenbach** vorbei. An deren asphaltierter Zufahrtsstraße halten wir uns rechts und erreichen nach 150 Metern den baulich getrennten **Radweg** entlang der Landstraße, in den wir links einbiegen. Nach 1,3 Kilometern entspannter Fahrt bergab erreichen wir wieder die **Abzweigung zur Denzel-Kapelle Emersacker.** Hier folgen wir weiter dem Radweg entlang der Landstraße und rollen auf bekannter Route zurück zum Ausgangspunkt unserer Tour, dem **Parkplatz Festplatz** in Welden.

Laugnakapelle in Welden

Wertingen
Kobel
Landgraben
Binswangen
Alte Zusam
Donauwörther Straße
Gottmannhofen
Kugelberg
Weidgraben
Gießgraben
Geratshofen
Weinbe
Aufbach
Roggden
Laugnastraße
Laugna
Platte
Hettlingen
Zusamaltheim
Zusam
Geiselbach
Sontheim
Weiherlebach
Marzelstetten
Villenbach
Mollenbach
Bocksberg
Buschelberg
Rischgau
Modelshausen
Hausen
Reutenberg
Hegnenbach
Emersacker
Geißberg
Zusamzell
Altenmünster
Eppishofen
Reutern
Burckhartstraße
Uzstraße
Welden

Alles auf einen Blick

Entspannung ✱✱✱✱✱
Genuss ✱✱✱✱✱
Erlebnis ✱✱✱✱✱

WIE & WANN:
Asphaltierte Wege und geschotterte Waldwege, wenig befahrene Straßen bzw. Radwege entlang der Straße; ganzjährig befahrbar, am schönsten im Spätsommer

HIN & WEG:
Auto: Parkplatz am Festplatz, Wiesenweg, 86465 Welden (GPS 48.454949, 10.661995)
ÖPNV: Kein direkter Anschluss an die Strecke

ESSEN & ENTSPANNEN:
Eiscafé San Marco ❹ Marktplatz 1, 86637 Wertingen, Tel. (0 82 72) 60 92 60
Ristorante Pizzeria La Perla ❼ Dillinger Straße 3, 86637 Wertingen, Tel. (0 82 72) 9 94 43 31

ENTDECKEN & ERLEBEN:
Denzel-Kapelle Emersacker ❶ 86494 Emersacker
Permakulturgarten Emersacker ❷ 86494 Emersacker, www.biohof-emersacker.de/permakultur-garten
Marktplatz Wertingen ❸ 86637 Wertingen
Radio- und Telefonmuseum ❺ Fere-Straße 1, 86637 Wertingen, Tel. (0 82 72) 28 64, www.radiomuseum-wertingen.de
Heimatmuseum Wertingen ❻ Schulstraße 12, 86637 Wertingen, Tel. (0 82 72) 8 41 96, www.wertingen.de/tourismus-kultur/museen/heimatmuseum
Zusam-Radweg ❽
Schwäbischer Holzwinkel ❾

Mooswaldsee

Wir starten unsere entspannte Rundtour am **Parkplatz Stadthalle** in der beschaulichen **Langenauer Innenstadt.** Hier kann sowohl mit dem Auto als auch mit dem Wohnmobil kostenlos geparkt werden. Die knapp 30 Kilometer lange Runde führt uns, begleitet vom Gesang der Vögel, durch die **idyllische Riedlandschaft** rund um Langenau und in das **Donaumoos** an der Landesgrenze zwischen Baden-Württemberg und Bayern.

Wir biegen beim Verlassen des Parkplatzes nach rechts in die **Karlstraße** ein und folgen dieser in östlicher Richtung für 300 Meter, über die Kreuzung **Simontalgasse** halbrechts hinweg. An der darauffolgenden Kreuzung mit der **Hasenstraße** biegen wir rechts ab

Grenzgänger

Idyllische Riedlandschaft

und erreichen nach 50 Metern die **Ampelanlage** an der **Lange Straße.** Wir orientieren uns links und folgen der Lange Straße für 950 Meter. Am Ortsende von Langenau geht diese in den **Hartgartenweg** über, dem wir in östlicher Richtung folgen. Hier bilden im Frühsommer die wunderbar blühenden Obstbäume einen eindrucksvollen Kontrast zum blauen Himmel.

Vor dem nächsten großen **Gehöft** biegen wir nach rechts in den **Heilen Winkel** ab und halten uns nach 130 Metern an der Weggabelung links. Wir lassen das ländliche Langenau hinter uns und tauchen in ein Paradies für die unterschiedlichsten Vogel- und Kleintierarten ein. Nach 500 Metern gabelt sich der Weg erneut, wobei wir uns weiterhin links halten und dem

Rastbank bei Langenau

geschotterten Feldweg entlang einer Bahnlinie folgen. Hier eröffnet sich einem nach links der Blick auf den Kirch- und den Wasserturm von **Öllingen** auf der **Schwäbischen Alb.** Nach 800 Metern erreichen wir die **Hartgartenhöfe** und queren die bisher rechter Hand verlaufenden Gleise an einem beschrankten Bahnübergang.

Wir folgen dem **Riedweg** in das **Natur- und Vogelschutzgebiet** erst schnurgerade und nach 500 Metern in einem Linksknick bis zur nächsten Kreuzung, an der wir einen kurzen Abstecher nach links machen. Der dahinter zu rechter Hand liegende **Geologische Lehrpfad am Grimmensee** ❶ ist der ideale Platz, um sich eine erste Auszeit vom Sattel zu gönnen und in die teils geheimnisvolle Welt, bestehend aus charakteristischen Moor-Biotopen und meterhohem Schilf, einzutauchen. Zurück an der Kreuzung folgen wir dem asphaltierten **Riedweg** in südlicher Richtung für 1,5 Kilometer weiter durch die ebene Landschaft, die uns einen Blick bis zum Horizont ermöglicht.

An der darauffolgenden T-Kreuzung unterhalb der Hochspannungsleitung halten wir uns links und folgen, vom Ruf des Kuckucks begleitet, dem **Riedweg** erst durch ein Wäldchen, passieren ein Gehöft und rollen in einem Rechtsknick nach Süden. Hier werden wir aufmerksam von den am Wegesrand weidenden Schafen und Ziegen beobachtet und mit dem ein oder andern *Mäh* begrüßt.

Nach 500 Metern auf dem geschotterten Feldweg queren wir den **Grenzgraben** zwischen Baden-Württemberg und Bayern und halten uns nach 600 Metern an der T-Kreuzung rechts. Der **Riedweg** verläuft weiter mit zwei Linksknicken auf 1,2 Kilometern nach Süden. Dabei rollen wir die letzten 550 Meter entlang des

Für die Seele

Für Liebhaber der Fotografie bietet der Mooswaldsee in den Frühsommer- und Herbstmonaten mit Abstand das beste Licht.

Grenzgraben

Hofladen
Straussen Eiland

Auszeit an der Nau

Schwarzgrabens, der, wie auch die anderen Gräben im Ried, zur Trockenlegung der Moorlandschaft geschaffen wurde. An der nächsten Kreuzung, an der wir auf dem Rückweg den Weg nach rechts nehmen werden, halten wir uns nun links und folgen dem asphaltierten Riedweg wieder für 1,5 Kilometer. Dabei kommen wir am rechts liegenden **Campingplatz Schwarzfelder Hof** vorbei. An der darauffolgenden Kreuzung mit dem **Herdweg,** am Rande des Geländes des **Straussen-Eilands ❷,** machen wir einen Abstecher nach rechts, um einer der größten Straußenfarmen Deutschlands und ihrem **Hofladen** einen Besuch abzustatten.

Wir radeln auf dem geschotterten **Herdweg** entlang des weitläufigen Außengeländes der Farm und werden hier schon von den ersten Bewohnern neugierig beobachtet. Am Südende der Gehege halten wir uns links und erreichen nach gut 100 Metern den Eingang der Farm. Zur Weiterfahrt rollen wir entlang des Außen-

*Im **Hofladen der Straußenfarm** werden neben den bis zu zwei Kilo schweren Eiern auch Wurst- und Fleischwaren sowie Federn der ulkigen Laufvögel verkauft. Die Farm kann zudem besichtigt werden, was besonders für die kleinen Radfahrer ein Highlight ist.*

Vogelbeobachtung am Mooswaldsee

geländes zurück bis zur Kreuzung mit dem **Herdweg** und folgen diesem jetzt geradeaus in nordöstlicher Richtung für 950 Meter. An der Weggabelung mit der **Infotafel – Erlebnispfade im Donaumoos** queren wir einen Graben, halten uns rechts und folgen dem geschotterten Feldweg parallel zum Graben für 450 Meter. An der nächsten Kreuzung biegen wir links ab und rollen weiter durch die blühenden Wiesen, wobei wir uns nach 400 Metern an einer T-Kreuzung nochmals nach rechts orientieren.

*Diese Radtour kann über eine Verbindungsroute ab dem Aussichtsturm Mooswaldsee nach Riedhausen bei Günzburg mit der Tour 5, der **Gundelfinger Runde**, zu einer sportlichen Ganztagestour mit rund 74 Kilometern erweitert werden.*

Jetzt ist der **Mooswaldsee** ❸ mit seinem Aussichtsturm bereits in Sichtweite und nach 650 Metern erreichen wir das Seeufer, an dem die weißrindigen Birken einen wunderbaren Kontrast zum Blau des Himmels und des Wassers bilden. Hier, an den flachen, mit Schilf bewachsenen Ufern sammeln sich im Frühjahr und Herbst die Graugänse bei der Ankunft im schönen Bayerisch-Schwaben bzw. zum Abzug in wärmere Gefilde.

Wir halten uns im Uhrzeigersinn entlang des Seeufers bis zum **Vogelbeobachtungsturm** und nehmen uns eine Genießer-Auszeit mit unserer mitgenommenen Brotzeit inmitten der Stille, bevor wir die Rückfahrt nach Langenau antreten. Zuerst rollen wir bis zur Kreuzung am **Schwarzgraben** auf den uns bekannten Wegen. An der Kreuzung angekommen, fahren wir nun weitere 250 Meter geradeaus und an der darauffolgenden Kreuzung rechts. Wir folgen dem **geschotterten Feldweg** für 3,1 Kilometer. An den Ufern und Überschwemmungswiesen entlang des **Flüsschens Nau** ❹ können wunderbar Fischreiher, die wohl einzigen Jäger im beschaulichen Donaumoos, beobachtet werden.

An der **Jungviehweide** folgen wir dem asphaltierten Riedweg weiter den **Zellgraben** entlang. Nach 500 Metern, hinter einer Linkskurve, biegen wir nach rechts und nach weiteren 50 Metern erneut nach rechts ab. Die nächsten 800 Meter führen uns am **Wasserreservoir** ❺ vorbei, von dem nur die weißen Entlüftungsrohre aus dem Boden ragen. Hier weist uns

!

Das Ried kann auch zu Fuß erkundet werden: Der 6 Kilometer lange Rundwanderweg ***Umweltlehrpfad Riedweg*** *startet in Langenau auf dem Parkplatz am Ufer der Nau und verläuft u. a. an der Ostermühle vorbei durch die weitläufige und beschauliche Landschaft.*

Wasserreservoir

Auszeitbänkchen

der **Kirchturm der Langenauer Martinskirche** bereits den weiteren Weg.

Die folgenden 1,9 Kilometer auf dem **Riedweg** verlaufen fast wieder schnurgerade, wobei wir an den Kreuzungen immer den Rad-Hauptwegweisern Richtung **Langenau** folgen. Auf dem **Vogelbeobachtungsturm** ❻ halten wir nochmals nach dem ein oder anderen gefiederten Riedbewohner Ausschau. Nach dem Queren der **Bahngleise** halten wir uns links, folgen für 450 Meter erneut dem Heilen Winkel. An der Gabelung mit der **Mühlgasse** biegen wir links ab und rollen über den Wirtschaftshof der **Ostermühle.** Hier nutzen wir die Gelegenheit, im **Hofladen** ❼ der Mühle regionale Produkte wie z. B. leckere Backerbsen, die in keiner Flädlesuppe fehlen dürfen, einzukaufen.

*Teile des Rieds sind auch **Wasserschutzgebiet** und versorgen u. a. die Landeshauptstadt Stuttgart mit Trinkwasser. Auf großen Teilen des Überschwemmungsgebietes darf daher weder Ackerbau noch kommerzielle Landwirtschaft betrieben werden.*

Im Anschluss folgen wir der Mühlgasse bis zur T-Kreuzung mit dem **Ostener Kuften,** halten uns dort links und biegen nach 100 Metern rechts auf den **geschotterten Feldweg** ein. Dieser verläuft durch Wiesen parallel zur Nau und mündet in die **Kalmenbrunnenstraße.** An der Kreuzung mit der **Wörthstraße** orientieren wir uns links und biegen nach 240 Metern, hinter der Brücke über die Nau, nach rechts in die **Kuftenstraße** ein. Dieser folgen wir für 500 Meter, bis sie mit einem leichten Linksknick die Bahnhofstraße leicht versetzt kreuzt und nach weiteren 200 Metern auf die **Hindenburgstraße** trifft.

In diese fahren wir nach rechts ein und erreichen nach 50 Metern das **Eiscafé Crema-Gelato Cattaruzza** **8**. Hier ist der ideale Ort, um bei einem großen Eisbecher das geschäftige Treiben rund um das kleine Plätzchen zu beobachten und die naturnahe Rundtour ausklingen zu lassen. Für die letzten Meter zurück zum Ausgangspunkt folgen wir der **Hindenburgstraße** und radeln nach links in die **Sonnenstraße.** Wir rollen an deren Ende auf dem Fuß- und Radweg zwischen Schulgelände und Stadthalle zurück zum Parkplatz.

Wollige Riedbewohner

Nordumfahrung
Langenau
Hartgartenweg
Lange Straße
P
Wörthstraße
Kuftenstraße
Nau
Schwarzer Graben
Schammenbach
Mooswaldseen
Grenzgraben
Langenauer Ried
Leipheimer Moos
Mooswaldseen
Herdweg
Herdweg
Riedheim
8
7
1
2
3
4
5
6
7
8

Alles auf einen Blick

WIE & WANN:
Größtenteils autofrei, Mischung aus Asphalt- und geschotterten Wegen; am schönsten im Frühling ab Mai bei trockenem Wetter

HIN & WEG:
Auto: Parkplatz an der Stadthalle, Karlstraße 27, 89129 Langenau (GPS 48.502086, 10.121562)
ÖPNV: IRE 50, SWE RS 5, 51 und 52 von Ulm oder Aalen bis Bahnhof Langenau. Vom Bahnhof 500 Meter entlang der Bahnhofstraße bis zur Kreuzung Kuftenstraße, dort links, um auf die Tour einzuschwenken.

ESSEN & ENTSPANNEN:
Hofladen Straussen-Eiland ❷ Herdweg 2, 89340 Leipheim, Tel. (0 82 21) 27 32 09, www.straussen-eiland.de

Entspannung ★★★★★
Genuss ★★★★☆
Erlebnis ★★★★☆

Hofladen Ostermühle Naturkost ❼ Mühlgasse 30, 89129 Langenau, Tel. (0 73 45) 92 94 90, https://naturkost.ostermuehle.de
Eiscafé Crema-Gelato Cattaruzza ❽ Hindenburgstraße 14, 89129 Langenau, Tel. (0 73 45) 2 33 06, www.crema-gelato-eiscenter.de

ENTDECKEN & ERLEBEN:
Geologischer Lehrpfad am Grimmensee ❶ 89129 Langenau
Straussen-Eiland ❷ siehe Essen & Entspannen
Mooswaldsee mit Vogelbeobachtungsturm ❸ 89312 Günzburg
Flüsschen Nau ❹
Wasserreservoir ❺ 89129 Langenau
Vogelbeobachtungsturm ❻ 89129 Langenau

23,7 Kilometer
168 Höhenmeter
2,5 Stunden
Rundtour
Donaumünster

Unsere aktive, rund 24 Kilometer lange Rundtour entlang der Donau und der Wörnitz startet am südlichen Rand des durch einen Meteoriteneinschlag entstandenen **Geoparks Nördlinger Ries** auf dem **Parkplatz 9** an der **Neuen Obermayerstraße** in Donauwörth. Dort kann auch mit dem Wohnmobil kostenlos geparkt werden. Wir verlassen den Parkplatz in westlicher Richtung und unterqueren auf der **Gartenstraße** die Bahnschienen. Sie geht in die **Industriestraße** über, der wir bis zur B 16 folgen, wobei wir rechter Hand das Airbus-Helikopter-Werksgelände passieren. Wir unterqueren die Bundesstraße und folgen weiter der Straße **Am Kesseldamm** parallel zum gleichnamigen Flüsschen und zur Donau.

Wasserläufe

Rund um Donauwörth

Nach rund 500 Metern erreichen wir die **Riedlinger Baggerseen ❶,** die zu einem Sprung ins kühle Nass einladen und an deren Ufern das perfekte Schrebergartenidyll vorzufinden ist. Nach dem zweiten, größeren Parkplatz an der **Schrebergartenkolonie** ignorieren wir die Schranke für Autos und fahren geradeaus weiter auf dem nunmehr geschotterten Feldweg.

Nach rund einem halben Kilometer orientieren wir uns links und überqueren das **Flüsschen Kessel** auf einem Steg. Die nächsten 3,7 Kilometer rollen wir entspannt in südwestlicher Richtung auf dem **Damm direkt an der Donau.** Dabei genießen wir gerade in den Vormittagsstunden im Spätsommer die mystische Stimmung, wenn die Sonne durch den Bodennebel bricht

und die Landschaft in ein diffuses Licht hüllt. Bevor wir das **Flüsschen Krumbach** queren und auf der **Reichenbachstraße** in das beschauliche **Erlingshofen,** einen Ortsteil von Tapfheim, rollen, halten wir auf dem **Beobachtungsturm Östliche Donauauen** **2** mit dem Fernglas Ausschau nach der bunten Vogelwelt am schilfbewachsenen Flussufer. Die **Reichenbachstraße** kreuzt nach 140 Metern die **Alexander-von-Bernus-Straße,** in die wir nach rechts einbiegen. Nach 300 Metern lohnt sich ein Blick nach rechts auf das Schloss Donaumünster, welches sich samt umfangreicher Bibliothek in Privatbesitz befindet, aber historisch eng mit der **Fürstenfamilie Oettingen-Wallerstein** verbunden ist. Deren Stammsitz in Oettingen besuchen wir im Rahmen der Tour 2: Kulturland Ries.

Wir queren die **B 16** an einer großen Ampelanlage und unterqueren eine Bahnlinie auf der **Bissinger Straße.** Im Anschluss halten wir uns an der Abzweigung **Böllenbachstraße** rechts und nach 30 Metern erneut rechts, um in die **Hilaria-Lerch-Straße** einzubiegen. Dieser folgen wir auf der markierten **Kesseltalrunde** für 1,4 Kilometer bis zum **Ortsrand von Erlingshofen** und darüber hinaus durch Felder und Wiesen. Dabei genießen wir den wunderbaren Blick über das Donautal. Auf den im Anschluss folgenden 3 Kilometern bis zum Ortsrand von **Donauwörth-Riedlingen** haben wir auf dem asphaltierten Wirtschaftsweg ein paar Höhenmeter zu bewältigen. Uns eröffnet sich aber auch der erste Panoramaausblick auf Donauwörth, der bayerisch-schwäbischen Donauperle an der Romantischen Straße.

An der Kreuzung mit der **Steinbergstraße**/Kaiser-Karl-Straße am Riedlinger Ortsrand halten wir uns links und radeln entlang Ersterer hinauf auf den **Ramberg.** Zum Glück folgt auf jeden Anstieg die entspannte Abfahrt. Ab Tour-Kilometer 13 folgen wir

*Der Streckenverlauf von Erlingshofen bis Donauwörth-Riedlingen deckt sich mit der **Kesseltalrunde**, einer 53 Kilometer langen offiziellen Rundtour im Ferienland Donau-Ries, die ebenfalls in Donauwörth ihren Start- und Endpunkt hat.*

Für die Seele

Entlang des Donauufers begleiten uns im Frühjahr die flauschigen, frisch geschlüpften Entlein auf ihrer ersten aufregenden Entdeckungsreise.

Schloss Donaumünster

Wörnitz-Radweg

also der Landstraße mit einem 12-prozentigen Gefälle weiter nach **Huttenbach** im Wörnitztal. Dabei verfolgen wir nicht nur aufmerksam den kurvigen Straßenverlauf, sondern lassen auch den Blick über die hügelige, bewaldete Landschaft jenseits der Ufer der Wörnitz gleiten.

In Huttenbach radeln wir auf der **Riedlingerstraße** und erreichen nach einem Kilometer den **Bahnhof Wörnitzstein,** an dem wir die Gleise queren und auf der **Graf-Hartmann-Straße** ein Stück weiterfahren, wo wir uns im Biergarten der **Braun Wörnitzstein Gaststätte** ❸ eine verdiente Erfrischung gönnen können. An der Abzweigung Oberriedstraße folgen wir weiter der Graf-Hartmann-Straße in einem Rechtsknick bis zur **Steinernen Brücke Wörnitzstein** ❹. Nicht erst jetzt ist der **Geotop Kalvarienberg Wörnitzstein** ❺ mit seiner stolz auf dem Felsen thronenden **Kalvarienbergkapelle St. Petrus** zu sehen. Hier ist auch der perfekte Platz, um das malerische Wörnitzstein auf einem Erinnerungs-

*Auf dem 2 Kilometer langen **Lehrpfad Geotop Kalvarienberg Wörnitzstein**, welcher am Flussufer am Fuße des Berges startet, erfahren wir mehr über das geologische Trümmerfeld mit seiner markanten Erhebung, nur 20 Kilometer vom Kraterzentrum entfernt.*

Geotop Kalvarienberg Wörnitzstein

Idyllisches Wörnitzstein

foto festzuhalten oder eine kurze Wanderung auf dem Lehrpfad rund um den Geotop Kalvarienberg Wörnitzstein zu unternehmen.

Für die Weiterfahrt in Richtung Donauwörth rollen wir parallel zum Flussufer auf der **Wörnitzstraße** in südlicher Richtung. Nach 700 Metern geht die Wörnitzstraße auf Höhe des **Sportvereins Wörnitzstein** in die **Felsheimer Straße** über, der wir in östlicher Richtung für weitere 850 Meter bis zum Ortseingang von **Felsheim** folgen. Wir radeln auf der **Konradstraße** durch den Ort und unterqueren an der Abzweigung Am Mertelfeld die Bahnschienen, um weiter auf dem ausgewiesenen **Wörnitz-Radweg** 6 entspannt durch Felder und Wiesen entlang des mäandernden Flusses zu fahren.

Nach 2,6 Kilometern erreichen wir nach weiteren Panoramaausblicken auf Donauwörth den Ortsrand auf Höhe eines großen Sportplatzes. Wir halten uns weiter rechts und fahren am **Parkplatz eines Einkaufszentrums** entlang bis zur Einmündung in die **Sallingerstraße.** Diese queren wir und nehmen nahezu geradeaus die Straße **Am alten Bahndamm.** Nach 80 Metern halten wir uns links und rollen weiter entlang des

!

*Der **Wörnitz-Radweg** verbindet auf einer 107 Kilometer langen Radtour die Quelle in Schillingsfürst im Romantischen Franken mit der Mündung in die Donau bei Donauwörth.* Wörnitz *geht auf indogermanische Wurzeln zurück und bedeutet* Die sich Windende.

Radwegs, welcher auf der **ehemaligen Erweiterungstrasse** der historischen Donautalbahn aus dem 19. Jahrhundert verläuft. Nach 350 Metern rollen wir in einen alten Eisenbahntunnel und erreichen dessen Ausgang auf Höhe des **Käthe-Kruse-Puppen-Museums 7.** Für dessen Besuch halten wir uns, auf Höhe des **Gewürz- und Kräutergartens 8,** hinter dem Tunnel rechts und folgen dem Spazierweg den Hügel hinauf zum **Eingang des Museums.** Hier im Museum dreht sich alles um die von Sammlern geliebten Puppen, die in aufwendiger Handarbeit ausschließlich in Donauwörth hergestellt werden.

*„Ick koof euch keene Puppen. Ick find se scheißlich. Macht euch selber welche", sagte der aus Berlin stammende Max Kruse zu seiner Frau Käthe im Jahr 1904 und legte damit den Grundstein für die bis heute international erfolgreiche **Puppenproduktion**.*

Um die **historische Altstadt 9** zu besuchen, rollen wir vorbei am Mangoldfelsen und 290 Meter weiter durch die **Promenade,** ein grünes Idyll mit Spielplätzen und Bänken. An einer T-Kreuzung wenden wir uns rechts, radeln durch das **Öchsentörl** und fahren auf der Rathausgasse erst an der **Tourist Information** vorbei und geradeaus weiter auf der **Spitalstraße** in Richtung **Altstadtinsel Ried.** Hinter dem **Riederer Tor** queren wir die

Ochsentörl in Donauwörth

Fischerplatz in Donauwörth

Kleine Wörnitz und rollen weiter auf den terrassenförmig angelegten **Fischerplatz.**

In historischer Kulisse nehmen wir uns nochmals Zeit für eine kulinarische Pause bei leckerem indischen Essen in **Yogi's Indischem Restaurant** ⑩ oder auch nur der einen oder anderen Kugel Eis in der **Eisdiele Gelatissimo** ⑪. Die Altstadt, mit ihren wunderbar pastellfarbig gestrichenen und prächtig verzierten Häusern, lässt sich natürlich am besten zu Fuß erkunden. Zur Weiterfahrt folgen wir vom Fischerplatz aus der **Hindenburgstraße** und queren die Wörnitz. Dahinter halten wir uns rechts und folgen parallel zum Fluss dem **Weidenweg** bis zum sogenannten **Donauspitz** ⑫, dem Zusammenfluss von Donau und Wörnitz, wo wir an der Friedenslinde den eingangs zitierten Seelenspruch finden. Hier, zwischen den Flüssen, lassen wir nochmals die Seele baumeln, bevor wir halblinks in die **Neue Obermayerstraße** einbiegen und wieder am Ausgangspunkt unserer Tour angelangt sind.

Nicht nur in meiner Heimat, der Doppelstadt Ulm/Neu-Ulm, gibt es ein ***Fischerstechen****, auch in der ehemals Freien Reichsstadt Donauwörth hat der einem Lanzenturnier ähnelnde Wettbewerb auf der Wörnitz eine dreihundert Jahre alte Tradition.*

Park am Donauspitz

Wörnitz
Wörnitzstein
Galgenberg
Berg
Felsheim
Felsheimer Straße
Riedlinger Straße
Kaibach
Donauwörth
Steinbergstraße
Ramberg
Riedlingen
Industriestraße
Reitlingerstraße
Naherholungsgebiet Baggersee
Am Kesseldamm
Donau
Auchseshei
Zusum
Kessel
Hilaria-Lerch-Straße
Erlings-
hofen
Donau-
münster
Zusam
Heißesheim
Rettingen
25
2
16

Alles auf einen Blick

WIE & WANN:
Großteils asphaltierte Wege, wenig befahrene Straßen; ganzjährig befahrbar, am besten in den Sommermonaten

HIN & WEG:
Auto: Parkplatz 9, Neue Obermayerstraße, 86609 Donauwörth (GPS 48.714469, 10.777240)
ÖPNV: Diverse ICE- und RE/RB-Verbindungen bis Bahnhof Donauwörth. Vom Bahnhof nach rechts die Dietrichstraße entlang bis zur Gartenstraße, dort rechts, um auf die Tour einzuschwenken.

ESSEN & ENTSPANNEN:
Braun Wörnitzstein Gaststätte ❸ Graf-Hartmann-Straße 4, 86609 Donauwörth, Tel. (09 06) 56 41

Entspannung ✸✸✸✸✸
Genuss ✸✸✸✸✸
Erlebnis ✸✸✸✸✸

Yogi's Indisches Restaurant ❿ Hindenburgstraße 27, 86609 Donauwörth, Tel. (09 06) 12 07 02 21, www.yogis-restaurant.de
Eisdiele Gelatissimo ⓫ Hindenburgstraße 24, 86609 Donauwörth, Tel. (09 06) 99 90 30 10

ENTDECKEN & ERLEBEN:
Riedlinger Baggerseen ❶ 86609 Donauwörth
Beobachtungsturm Östliche Donauauen ❷ 86660 Tapfheim
Steinerne Brücke Wörnitzstein ❹ 86609 Donauwörth
Kalvarienberg Wörnitzstein ❺ Abt-Cölestin-Straße, 86609 Donauwörth
Wörnitz-Radweg ❻ **Käthe-Kruse-Puppen-Museum ❼** Pflegstraße 21 a, 86609 Donauwörth, Tel. (09 06) 78 91 70, www.donauwoerth.de/kultur/museen/kaethe-kruse-puppen-museum
Gewürz- und Kräutergarten ❽ Pflegstraße 21 b, 86609 Donauwörth
Historische Altstadt ❾ 86609 Donauwörth
Donauspitz ⓬ 86609 Donauwörth

Lauinger Schimmelturm

- 32,6 Kilometer
- 177 Höhenmeter
- 3 Stunden
- Rundtour

Unsere knapp 33 Kilometer lange Panoramatour durch das **Donauried** beginnt auf dem öffentlichen Parkplatz am **Oberen Schanzweg** im schönen **Lauingen an der Donau.** Hier orientieren wir uns auf dem Oberen Schanzweg in nord-östlicher Richtung und biegen an der Kreuzung bei der Stadthalle nach rechts in die **Brüderstraße** ein. Wir radeln 200 Meter bis zur Kreuzung am schmucken **Marktplatz Lauingen ❶,** fahren geradeaus in die Albertusstraße und folgen dem Rad-Hauptwegweiser in Richtung **Dillingen.**

*Der historische **Lauinger Marktplatz** wird vom Rathaus mit seiner klassizistischen Fassade und dem imposanten Schimmelturm, dem Wahrzeichen der Stadt, flankiert. Hier ist auch Albertus Magnus, dem bedeutendsten Sohn der Stadt, ein Denkmal gesetzt.*

An der nächsten T-Kreuzung halten wir uns rechts, biegen in die **Donaustraße** ein und folgen ihr leicht bergab bis zum Donauufer. Vor der **Lauinger Donaubrücke** fahren wir links in die **Segrépromenade.** Wir

Stadt - Land - Fluss

Naturraum Donauried

radeln an einem weiteren Parkplatz vorbei und tauchen hinter den Vereinsgeländen des Surf- und Ruderclubs und des Lauinger Tennisclubs in das Grün der **Donauauen ❷** ein.

*In den **Donauauen** lässt es sich auch wunderbar wandern. Der DonAUwald ist das größte zusammenhängende Auwaldgebiet an deutschen Flüssen und erstreckt sich über einen 59 Kilometer langen Premiumwanderweg mit 5 Etappen zwischen Günzburg und Schwenningen.*

Nach rund einem Kilometer auf dem geschotterten Radweg entlang des Donauufers unterqueren wir die **Auwaldbrücke** und orientieren uns direkt dahinter links. Wir folgen dem baulich getrennten Radweg entlang der Landstraße für 260 Meter und orientieren uns an der nächsten Weggabelung rechts. Hier rollen wir nach wenigen Metern an der pittoresken **Marienkapelle** im Lauinger Stadtwald vorbei und erreichen nach 1,7 Kilometern für eine erfrischende Auszeit die **Kneippanlage Obere Quelle ❸.** Wir folgen dem geschot-

Rathaus Lauingen

terten Radweg entlang des **Großen Audamms** für 350 Meter und halten uns rechts, der braunen Beschilderung in Richtung **Natur-Kneipp-Anlage** folgend. Nach 600 Metern durch Wiesen und entlang des Waldrandes erreichen wir die idyllisch gelegene **Natur-Kneipp-Anlage am Mühlrad** ❹ mit dem Gedenkstein für **Sebastian Kneipp.** Am lustig vor sich hinplätschernden Bächlein haben auch die kleinen Radfahrer ihren Spaß.

Natur-Kneipp-Anlage

Die nächsten 1,5 Kilometer bis zum Campingplatz Dillingen führen uns durch das dichte Grün des Auwaldes und in Teilen auf dem **Trimm-dich-Pfad** **5**. Dabei halten wir uns zunächst 70 Meter links und folgen dem geschotterten Feldweg, der sich, inklusive eines Linksknicks, 300 Meter am Waldrand entlangzieht. Wo der Weg in den Wald eintaucht, wenden wir uns rechts und rollen weitere 260 Meter in östlicher Richtung bis zur T-Kreuzung nahe dem **Kraftwerk Dillingen.** Dort orientieren wir uns links und gleich wieder rechts, um nach 170 Metern wieder für 650 Meter entlang des sonnigen Donauufers zu radeln. Wir lassen das in den Sommermonaten geöffnete **Eichwaldbad** hinter uns und halten uns an der Weggabelung in

*Der „Wasserdoktor" **Sebastian Kneipp** studierte in Dillingen Theologie und kurierte hier seine Lungenkrankheit durch Bäder in der Donau aus. Damit legte er auch den Grundstein für seine bis heute weit über die Landesgrenzen hinaus bekannte Wassertherapie.*

Für die Seele

Auf den Anhöhen rund um Glött gönnen wir uns eine Atempause und lassen die fantastische Aussicht über das Donauried auf uns wirken.

Donau-Radweg

Sichtweite der Brücke links. Am **Georg-Schmid-Ring** fahren wir nach rechts und biegen an der nächsten Kreuzung wiederum nach rechts in die **Donaustraße** bzw. auf den Radweg auf der linken Straßenseite ein. Auf diesem queren wir die Donau und orientieren uns hinter der Brücke links. Am Rad-Hauptwegweiser ist jetzt **Nusser Alm** ausgeschildert. Wir rollen durch einen schmalen begrünten Durchgang und im Anschluss unter der Landstraße hindurch. Nun geht es auf dem **Riedwirtsweg** in westlicher Richtung an einer Schrebergartenkolonie vorbei. Nach 1,1 Kilometern folgen wir am Franzosenkreuz dem Riedwirtsweg nach links.

Der Weg führt uns nun 2,2 Kilometer durch die flache Riedlandschaft bis zur **Dillinger Seenplatte,** die offiziell als **Weisinger Seen** ❻ bezeichnet wird. Die Seen entstanden durch Kiesabbau, der bis heute betrieben wird. Wir halten uns an der Abzweigung am ersten See links, nach 350 Metern rechts und passieren nach 600 Metern die Abzweigung zur **Nusser Alm** mit der Vereinsgaststätte des Dillinger Golfclubs. Hier orientieren

Marienkapelle im Lauinger Stadtwald

Verwunschener DonAUwald

wir uns geradeaus, dem **Rad-Hauptwegweiser** in Richtung **Weisingen** folgend, und queren vor der nächsten T-Kreuzung das **Flüsschen Glött** auf einem schmalen Holzsteg. An der T-Kreuzung halten wir uns rechts und folgen der breiten, geschotterten **Zufahrt zum Kieswerk** für 150 Meter. Im Anschluss radeln wir links in einen schmalen, begrünten Pfad und folgen diesem auf einem Damm zwischen zwei Seen. 450 Meter weiter fahren wir auf Asphaltuntergrund und treffen nach 750 Metern rechter Hand auf einen Parkstreifen für den Badesee. Hier finden wir auch den Zugang für Radfahrer und Fußgänger zur **Pizzeria Klein Sizilien ⑦**, in der wir uns eine superleckere Pizza und einen Cappuccino in ungezwungener Atmosphäre am Seeufer gönnen. Da wir ohnehin den **Badestrand** vor Augen haben, springen wir noch ins kühle Nass, bevor wir wieder zurück zum Parkstreifen fahren und unsere Tour auf dem **vorherigen Weg** fortsetzen.

Dieser verläuft schnurgerade für 1,3 Kilometer in südlicher Richtung bis zur Kreuzung mit der Landstraße. Hier halten wir uns links und rollen bis zur T-Kreuzung mit der Hauptstraße, an der sich rechter Hand unübersehbar die **Herrgottskapelle** befindet. Wir biegen nach links ab, dem Rad-Hauptwegweiser in Richtung **Holzheim** folgend.

Nach 550 Metern, gegenüber von **St. Sixtus,** halten wir uns rechts und rollen in die **Altenbaindter Straße** ein. Am Ortsende von Weisingen folgen wir dem Rad-Hauptwegweiser, an dem **Glött** sowie die historisch bedeutende römische Handelsstraße **Via Danubia** mit offizieller Tourplakette ausgeschildert sind, nach rechts.

Auf den nächsten 2 Kilometern bis nach Glött haben wir ein paar Höhenmeter zu überwinden, werden aber mit einem fantastischen Ausblick über die Donauebene belohnt. Wir biegen in Glött nach links in die **Bräuhausstraße** ein und folgen dieser bergab bis zur T-Kreuzung **Fuggerstraße.** Hier halten wir uns links und erreichen nach 220 Metern mit Blick auf das **Fuggerschloss Glött,** welches heute vom Regens-Wagner-

*Für einen **alternativen**, landschaftlich nicht so schönen **Tourenverlauf** ohne Steigungen, halten wir uns an der Herrgottskapelle rechts und folgen dem Radweg entlang der Landstraße, bis wir in Aislingen wieder auf die Tour treffen.*

Regens Wagner Glött

*Bei der **Via Danubia** handelt es sich um einen Radfernweg von Bad Gögging bis nach Passau, der entlang der Donau verläuft, die schon zu Zeiten der Römer ein bedeutsamer Handels- und Schifffahrtsweg war. Er ist Teil des länderübergreifenden Donauradweges.*

Institut genutzt wird, die **Hauptstraße.** Wir orientieren uns rechts und biegen gleich wieder links in die **Weilerstraße** ein. Hier queren wir nochmals das **Flüsschen Glött** und radeln dann weiter zwischen Feldern und Wiesen hindurch den Berg hinauf bis zur Weggabelung an der **Windkraftanlage.**

Dort fahren wir nach rechts und folgen dem geschotterten Feldweg weiter in Richtung **Aislingen.** Nachdem der Weg eine Linkskurve beschrieben hat, treffen wir auf eine T-Kreuzung, wo wir uns erneut nach rechts wenden. Kurz vor dem Ortsanfang mündet der Feldweg in den **Sandgraben,** welcher wiederum in die **Dr.-Bach-Straße** übergeht, der wir in nördlicher Richtung durch den verschlafenen Ort folgen. Auf der Höhe des Marktplatzes halten wir uns rechts und biegen in die **Kirchstraße** ein, welche nach 270 Metern die **Hauptstraße** kreuzt. Hier stößt die **alternative Tour** wieder auf die **Haupttour.** Wir queren die Hauptstraße und

Ried bei Aislingen

Lauingen

biegen halbrechts in die Straße **Hinter dem Anger** ein. Die nächsten 6,7 Kilometer rollen wir weiter auf der **Via Danubia** durch das ebene Donauried, immer dem Rad-Hauptwegweiser zurück nach **Lauingen** folgend. Hier sind Fischreiher in den Entwässerungsgräben zu erspähen und es scheint, als verliefe der asphaltierte Weg bis zum Horizont. Dabei führt er uns auf den baulich getrennten Radweg entlang der **Landstraße** nach Lauingen. Wir wechseln nach 400 Metern die Straßenseite und rollen bis zur Kreuzung am Reit- und Fahrverein Lauingen. Hier halten wir uns links und folgen dem Radweg für einen Kilometer entlang der **Aislinger Straße** bis zur **Lauinger Donaubrücke.** Von hier aus geht es auf fast bekannter Route zurück zum Ausgangspunkt unserer Tour. Da die Albertusstraße eine Einbahnstraße ist, nehmen wir eine Abzweigung vorher die **Imhofstraße** zum **historischen Marktplatz,** wo wir die Tour bei einem leckeren Eis in der **Da Carla Eisbox** 8 ausklingen lassen.

Hausen
Zwergbach
16
Dillingen an der Donau
Lauingen
1
8
Ludwigsau
2
3
5
4
Georg-Schmid-Ring
Donaustraße
Lauinger Stadtwald
Donau
Auwaldsee
Weisinger Straße
Wässerleinsgraben
Riedwirtsweg
Aislinger Straße
Landgraben
Gundremminger Straße
Schackenlachgraben
Obere Haidhofsiedlung
Heidstraße
Untere Haidhofsiedlung
Im Rohr
Wagerweiher
Glötter See
6
7
Wagerseen
Aislinger Straße
Eselsgraben
Aislinger Bach
Augraben
Weisinger Bach
Hinterm Anger
Weisingen
Rieder Straße
Hauptstraße
Aislingen
Altenbaindt
Glött
Baumgarten

Alles auf einen Blick

WIE & WANN:
Asphaltierte Wege und geschotterte Waldwege, wenig befahrene Straßen bzw. Radwege entlang der Straße; ganzjährig befahrbar, am besten in den Sommermonaten

HIN & WEG:
Auto: Parkplatz Oberer Schanzweg, Oberer Schanzweg 6, 89415 Lauingen (GPS 48.570877, 10.427261)
ÖPNV: AG RB 15 von Regensburg oder Ulm bis Bahnhof Lauingen. Vom Bahnhof über die Bahnhofstraße und den Kreisverkehr in die Brüderstraße.

ESSEN & ENTSPANNEN:
Pizzeria Klein Sizilien ❼ Weisinger Straße 1, 89438 Holzheim, Tel. (0 90 75) 97 89 62
Da Carla Eisbox ❽ Imhofstraße 1, 89415 Lauingen, Tel. (0 90 72) 9 19 99

Entspannung ★★★★★
Genuss ★★★★☆
Erlebnis ★★★★☆

ENTDECKEN & ERLEBEN:
Marktplatz Lauingen ❶ 89415 Lauingen
Donauauen mit Premiumwanderweg DonAUwald ❷ www.donauwald-wanderweg.de
Kneippanlage Obere Quelle ❸ 89407 Dillingen an der Donau
Natur-Kneipp-Anlage am Mühlrad ❹ 89407 Dillingen an der Donau
Trimm-dich-Pfad ❺ 89407 Dillingen an der Donau
Weisinger Seen ❻ 89438 Holzheim

30,2 Kilometer
317 Höhenmeter
4 Stunden
Rundtour
Geopark Ries

Unsere sportliche Tour durch den östlichen Teil des **Geoparks Ries** bietet uns atemberaubende Aussichten vom **Bockberg** auf die Riesebene und interessante geologische Einblicke in die Entstehung der Rieslandschaft. Wir starten auf dem **Parkplatz an der Grasstraße** an der **Romantischen Straße** im mittelalterlichen Städtchen **Harburg** direkt am Ufer des Flüsschens Wörnitz. Hier kann sowohl mit dem Auto als auch mit dem Wohnmobil kostenfrei geparkt werden.

Am Parkplatz orientieren wir uns nach Norden und rollen auf der **Wemdinger Straße** am östlichen Wörnitzufer entlang. Dabei queren wir nach 450 Metern einen beschrankten Bahnübergang und wechseln nach 250 Metern auf den baulich getrennten Radweg

Urgewalten

Der Geopark Ries bei Harburg

zwischen Fluss und Landstraße, der auch als **Wörnitz-Radweg** ❶ ausgeschildert ist. Wir folgen dem Flusslauf für einen Kilometer und rollen im Anschluss nach links durch eine Bahnunterführung nach **Ronheim** ein. Die nächsten 650 Meter radeln wir durch den verschlafenen Ort und folgen ab Ortsende weiter dem nun geschotterten Feldweg entlang der Bahnlinie. Durch eine weitere Unterführung rollend, wechseln wir abermals auf die andere Seite der Schienen und erreichen nach 700 Metern wieder das **Ufer der Wörnitz.**

Unsere entspannte Fahrt geht auf dem asphaltierten Wirtschaftsweg entlang des Ufers weiter und im Anschluss durch **Katzenstein**, einen Ortsteil von Harburg. Am Ortsausgang halten wir uns an der T-Kreu-

Wörnitz in Harburg

Der **Ries-See** dehnte sich vor Millionen Jahren auf ca. 348 km^2 im weiten, fast kreisrunden Kessel des Meteoritenkraters aus und verschwand durch Erosion in der Eiszeit. Von der artenreichen Flora und Fauna zeugen heute noch zahlreiche Versteinerungen.

zung mit der **Landstraße** links und folgen dem Rad-Hauptwegweiser Richtung **Schrattenhofen**. Nach knapp 2 Kilometern erreichen wir **Heroldingen** und rollen weiter auf der **Georg-Karg-Straße**. Kurz hinter der evangelischen **Chorturmkirche St. Martin** queren wir die **Wörnitz** und radeln bis zur nächsten Kreuzung. Heute kaum mehr vorstellbar, aber vor Millionen von Jahren wären wir hier am Ufer des **Ries-Sees** ❷ entlanggefahren. Dieser fand seinen Ablauf mit der heutigen Wörnitz bei Harburg und wäre aktuell der drittgrößte See Europas.

Wir folgen dem Rad-Hauptwegweiser nach links in Richtung **Lierheim.** Hinter der Kreuzung halten wir uns rechts, unterqueren die Landstraße und radeln nun wieder nach links auf dem baulich getrennten Radweg 550 Meter entlang der Straße. An der nächsten Abzweigung von der Landstraße orientieren wir uns wieder nach rechts und rollen 1,6 Kilometer durch Felder und Wiesen. Am **Gedenkstein für Gerda Schupp-Schied** ❸**,** einer Heimatbuchautorin und Chronistin, genießen wir den Ausblick bis hin zum Kraterrand. Nach 650 Metern erreichen wir die T-Kreuzung in der

Ortsmitte von **Lierheim.** An dieser halten wir uns links und queren nach 220 Metern das **Flüsschen Eger,** welches durch die flache Rieslandschaft, die zu den am besten erhaltenen großen **Impaktkratern** auf der Erde zählt, mäandert. Auf dem baulich getrennten Radweg erreichen wir nach 350 Metern die Kreuzung mit der **B 25,** an der wir uns rechts in Richtung **Möttingen** orientieren.

Nach wenigen Metern erreichen wir den **alternativen Einstieg** bei einer Anreise mit der Bahn am **Bahnhof Möttingen.** Nach einem knappen Kilometer entlang der Bundesstraße, die hier mit der **Romantischen Straße** zusammenfällt, halten wir uns im Ort an der Kreuzung mit der Straße **Im Mitteldorf** links. Wir verlassen Möt-

Für die Seele

Vom Bockberg bei Harburg genießen wir den spektakulären Ausblick bis hin zum Horizont und den Duft der Wacholderheide.

Auszeit am Gerda Schupp-Schied-Gedenkstein

Skulpur Blick ins Ries

tingen auf der **Balgheimer Straße** und folgen ab dem Ortsausgang dem baulich getrennten Radweg entlang der Landstraße bis zum Ortseingang von **Balgheim.**

Hier mäandert, wie zuvor schon die Eger, der **Forellenbach** durch die Rieslandschaft. Durch Balgheim rollen wir auf der **Dorfstraße** und halten uns an der Kreuzung mit der **Merzinger Straße** links. Dort ist **Harburg** bereits am Rad-Hauptwegweiser ausgeschildert. Wir folgen der **Merzinger Straße** und lassen nach einem guten halben Kilometer Balgheim hinter uns, um wieder durch Felder und Wiesen hindurch in **Merzingen** einzurollen. Vor einem Spielplatz halten wir uns rechts, überqueren den **Eierbach,** halten uns ein paar Meter weiter halbwegs geradeaus und biegen an der folgenden T-Kreuzung nach links ab. Wir radeln 1,2 Kilometer auf der wenig befahrenen Nebenstraße bis zur Kreuzung mit der Landstraße vor **Ziswingen.**

Dort orientieren wir uns rechts und biegen nach 170 Metern in einer Rechtskurve beim Dorf- und Feuerwehrhaus links ab. Nach 40 Metern halten wir uns nochmals links und passieren nach 450 Metern das

Sägewerk. Dahinter folgen wir der Straße weiter bis nach **Kleinsorheim.** Dort radeln wir auf der Straße **Unterdorf** erst in einem Links- und dann einem Rechtsknick durch das Dorf weiter in Richtung **Großsorheim.** Nach 1,5 Kilometern Fahrt in östlicher Richtung erreichen wir eine Kreuzung bei einem **großen Gehöft,** an dem wir uns rechts halten und dem Rad-Hauptwegweiser in Richtung **Möggingen** bzw. **Harburg** bergauf folgen.

An der Weggabelung hinter dem **Großsorheimer Sportplatz** biegen wir scharf nach links auf eine geschotterte Auffahrt und folgen im Anschluss dem asphaltierten Wirtschaftsweg **Am Rufberg** für 550 Meter. An der nächsten T-Kreuzung fahren wir nach rechts, worauf nach wenigen Metern linker Hand die **Skulptur Blick ins Ries** ❹ in unserem Blickfeld erscheint. Hier, auf dem Bänkchen, können wir den wunderbaren Ausblick auf die sich vor uns ausbreitende Riesebene genießen. Wir rollen den Berg hinunter Richtung Möggingen und sehen nach 280 Metern unübersehbar auf der linken Seite mit dem **Geotop Glaubenberg** ❺

*Der **Geotop Glaubenberg** liegt in einer etwa vier Kilometer breiten Hügellandschaft südöstlich des äußeren Kraterrands. Die Erhebung besteht aus Gesteinstrümmern, die u. a. von der Druckwelle des Meteoriteneinschlags durch die Luft geschleudert wurden.*

Geotop Glaubenberg

Blick auf Harburg

Fürstliche Burgschenke

eine hier typische geologische Besonderheit in der sogenannten Megablockzone.

Wir folgen weiter der Straße, die in **Möggingen** einen Linksknick macht und uns im Anschluss 1,2 Kilometer bis zur Kreuzung mit einer Landstraße führt. Hier halten wir uns rechts und haben auf den folgenden 1,3 Kilometern stolze 80 Höhenmeter hinauf auf den **Bockberg** zu überwinden. Nach 650 Metern nutzen wir daher die **Haltebucht am Waldrand** zu einer Verschnaufpause und für einen weiteren atemberaubenden Blick über die Riesebene. Dahinter führt uns die Landstraße schattig durch den Wald bis zur **Kreuzung** in **Richtung Harburg.** Wir orientieren uns dort links und erreichen nach einem Kilometer entspannter Fahrt den Wegweiser mit dem **Abstecher zur Station Pluto des Planetenweges 6.**

*Der **Planetenweg** ist eine weitere Möglichkeit, den Geopark Ries mit dem Rad zu erkunden. Er führt von Nördlingen über Reimlingen und Mönchsdeggingen bis hoch auf den Bockberg bei Harburg. Die einfache Fahrstrecke beträgt 22 km.*

Für die Weiterfahrt rollen wir zurück zur Landstraße und halten uns dort links. Von hier ist die stolze, mittelalterliche **Höhenburg Harburg 7** schon sichtbar und somit auch unser Weg zur Einkehr bzw. zum

Steinerne Brücke in Harburg

*Am **Wörnitzstrand** startet der **Harburger Märchenweg**, auf dem die Märchen und Sagen der Gebrüder Grimm lebendig werden. Kleine und große Besucher können entdecken, wo Rapunzel ihr Haar hinunterließ oder der gestiefelte Kater zu Hause ist.*

kulinarischen und kulturellen Ausklang der sportlich nicht ganz anspruchslosen Rundtour nicht mehr weit. Wir radeln 1,3 Kilometer bis zur Zufahrt zur Burg bzw. der Ausschilderung zum **Besucherparkplatz** und biegen nach rechts den Berg hinauf in die Burgstraße ein. Nach 190 Metern erreichen wir die Zufahrt zur imposanten **Burganlage aus dem 18. Jahrhundert,** die erhaben auf einem Bergsporn über der Wörnitz thront. Unseren Drahtesel parken wir nahe des Kassenhäuschens im Vorhof der Höhenburg. In der **Fürstlichen Burgschenke 7,** inmitten der historischen Mauern, nehmen wir uns Zeit für eine wohlverdiente Stärkung, bevor wir uns über die steile Abfahrt zurück über die Burgstraße und dann rechts die **Schloßstraße** hinunter nach Harburg aufmachen.

Entlang des schmucken **Marktplatzes** rollen wir weiter über die mittelalterliche, neunbögige **Steinerne Brücke 8** auf die andere Flussseite. Wir halten uns dort rechts und genießen den entspannten Ausklang der Tour am **Wörnitzstrand 9,** nur einen Steinwurf vom Parkplatz entfernt.

Wörnitzstrand

Harburger Märchenweg

Huisheim
Katzensteiner Heide
Burgberg
Kohlenbach
Katzenstein
Ronheim
Harburg (Schwaben)
Heroldingen
Wörnitzstraße
Schrattenhofen
Wörnitz
Rollen-berg
Kleiner Rollenberg
Hoppingen
Hühnerberg
Bockberg
Großsorheim
Kratzberg
Eger
Lierheim
Appetshofen
Mühlkanal
25
Brühlbach
Bautenbach
Kleinsorheim
Kleinsorheimer Bach
Möggingen
Romantische Straße
Möttingen
Ziswingen
Sulzgraben
Eierbach
Großelfinger Bach
Merzingen
Albstraße
Mönchsdeggingen
Balgheim
Dorfstraße
Riedgraben

Alles auf einen Blick

WIE & WANN:
Großteils asphaltierte Wege, wenig befahrene Straßen bzw. Radwege entlang der Straße; ganzjährig befahrbar, am besten in den späten Sommermonaten

HIN & WEG:
Auto: Parkplatz an der Wörnitz, Grasstraße, 86655 Harburg (Schwaben) (GPS 48.785764, 10.691378)
ÖPNV: RB 89 von Aalen oder Donauwörth bis Bahnhof Möttingen. Die Tour startet und endet dann dort.

ESSEN & ENTSPANNEN:
Fürstliche Burgschenke & Schlosshotel Harburg ❼ Burgstraße 1, 86655 Harburg (Schwaben), Tel. (0 90 80) 15 04, www.schlosshotel-harburg.de

Entspannung ✱✱✱✱✱
Genuss ✱✱✱✱✱
Erlebnis ✱✱✱✱✱

ENTDECKEN & ERLEBEN:
Wörnitz-Radweg ❶
Ehemaliger Ries-See ❷
Gedenkstein für Gerda Schupp-Schied ❸ 86753 Möttingen
Skulptur Blick ins Ries ❹ 86655 Harburg (Schwaben)
Geotop Glaubenberg ❺ 86655 Harburg (Schwaben)
Station Pluto des Planetenweges ❻ 86655 Harburg (Schwaben), www.stadt-harburg-schwaben.de/wege/planetenweg-1356
Höhenburg Harburg ❼ siehe Essen & Entspannen, Tel. (0 90 80) 9 68 60, www.burg-harburg.de
Steinerne Brücke ❽ 86655 Harburg (Schwaben)
Wörnitzstrand mit Märchenweg ❾ Grasstraße, 86655 Harburg (Schwaben)

Finninger Ried

Wir starten unsere etwa 32 Kilometer lange Rundtour durch den historischen Ulmer Winkel am **Wanderparkplatz im Finninger Ried** an der **Alten Römerstraße** und orientieren uns in nordöstlicher Richtung, um dem schnurgeraden, asphaltierten Wirtschaftsweg in Richtung **Finningen** zu folgen. Zwischen den dunkelgrünen Nadelbäumen und den weiß schimmernden Birken finden wir eine charakteristische **Feuchtlandschaft** inmitten der umliegenden, bewirtschafteten Felder und Wiesen. Zudem hat man einen wunderbaren Blick auf das **Ulmer Münster**, das majestätisch in den Himmel ragt. Nach bereits 1,3 Kilometern erreichen wir die **Kneippanlage am Landgraben ❶**, an der sich, inmitten von Schilf und Gehölz gelegen, auch herrlich Insekten und Kleintiere beobachten lassen.

*Die Alte Römerstraße ist eine der Zugangsstraßen zur ehemaligen **Burgus Finningen**, ein römisches Kastell des spätantiken Donau-Iller-Rhein-Limes. Heute steht die barocke Kirche St. Mammas im Zentrum der damaligen Wehranlage.*

Die Alte Römerstraße mündet in den **Eulesweg**, dem wir weitere 900 Meter bis zur T-Kreuzung mit der **Breitenhofstraße** folgen. In diese biegen wir links und nach weiteren 210 Metern nach rechts in den **Brombeerweg** ein. Hier ist **Steinheim** auf dem Rad-Hauptwegweiser ausgeschildert. Wir lassen das **Finninger Sportheim** hinter uns und rollen die nächsten 1,4 Kilometer immer am **Römergraben** entlang durch die ruhige Riedlandschaft bis zum Rand eines lichten Wäldchens. Entlang des Waldrandes und durch Felder hindurch radeln wir weiter in nördlicher Richtung bis zur T-Kreuzung mit der Landstraße. Dort lädt uns eine **Blühwiese samt Lehrpfad ❷** in den Sommermonaten zum Entdecken und Fotografieren ein.

Entlang der Landstraße halten wir uns auf dem baulich getrennten Radweg rechts weiter in Richtung **Steinheim.** Nach 300 Metern überqueren wir die **A 8** und erreichen nach 1,2 Kilometern die **St. Nikolauskirche** am Ortseingang von **Steinheim.** Hier endet auch der Radweg. Wir rollen weiter auf der **Burlafinger Straße** und halten uns geradeaus in den **Straßer Weg.** Dieser verläuft schnurgerade für 2,4 Kilometer durch die landwirtschaftlich geprägte Landschaft bis zum Ortseingang von **Straß.** Wir folgen für 220 Meter weiter der **Neu-Ulmer Straße,** die im Anschluss in die **Ilgstraße** mündet. Auf dieser rollen wir bis zur Kreuzung mit der **Judengasse.** Wir orientieren uns rechts und radeln, dem Rad-Hauptwegweiser folgend, bis nach **Remmeltshofen.** Die 3,4 Kilometer lange Strecke verläuft gemütlich auf geschotterten Feldwegen entlang des **Flüsschens Roth ❸,** das naturbelassen durch die grüne Landschaft mäandert und mit seinen Feuchtwiesen einen natürlichen Lebensraum für allerlei Insekten, Vögel und Frösche bietet.

*Die **Roth**, entsprungen aus dem Deckschotter der Donau-Eiszeit, fließt von Eisenburg 55 Kilometer durch den Regierungsbezirk Schwaben und mündet bei Nersingen in die Donau. Ihren Namen hat sie dem hohen Eisengehalt, der das Wasser rötlich färbt, zu verdanken.*

Kneippanlage am Landgraben

Remmeltshofen

In Remmeltshofen mündet der Weg in die **Remmeltshofener Dorfstraße,** welcher wir in südlicher Richtung über die **Roth** hinweg folgen. Im benachbarten Kadeltshofen radeln wir nun weiter auf der **Kadeltshofer Dorfstraße** bis zur Kreuzung mit der **Franz-Fischer-Straße.** Dort halten wir uns links und rollen 220 Meter bis zur Kreuzung mit der **Landstraße.** Diese queren wir und folgen der **Heerstraße** am Friedhof Kadeltshofen vorbei auf den Waldrand zu. Hier haben wir im Schatten der duftenden Nadelbäume einen kleinen Anstieg zu bewältigen, bevor wir uns an der **Informationstafel**

Für die Seele

Das Finniger Ried ist bereits im Frühsommer, wenn die Schlüsselblumen entlang der Gräben blühen, ein wunderbares Fleckchen für eine Auszeit vom Alltag.

Über die Felder nach Raunertshofen

der sich linker Hand befindenden **Keltischen Viereckschanze** ④ eine Auszeit vom Sattel gönnen.

Nach 450 Metern stoßen wir auf die **Raunertshofer Straße** im gleichnamigen Ort und biegen, dem Rad-Hauptwegweiser nach **Pfaffenhofen** folgend, nach rechts in diese ein. Nach weiteren 110 Metern halten wir uns an der Kapelle **St. Antonius von Padua** nochmals rechts und folgen der **Günzburger Straße** ab Ortsausgang auf dem baulich getrennten Radweg für 2,5 Kilometer bis nach **Pfaffenhofen an der Roth.** Noch vor dem Ort zweigen wir am Parkplatz des Tennisplatzes spitzwinkelig nach rechts ab und folgen dem Rad-Hauptwegweiser in Richtung **Nersingen.** Nach 350 Metern biegen wir nach links in die **Ulmer Straße** ein, wo bereits **Holzheim** am Rad-Hauptwegweiser ausgeschildert ist.

Durch die Pfaffenhofer Ortsteile **Berg** und **Roth** geht es für einen Kilometer in östlicher Richtung auf der **Ulmer Straße.** Dabei queren wir nochmals das Flüsschen Roth und erreichen auf Höhe eines Autohauses die **Landstraße** in Richtung **Holzheim.** Wir orientieren uns rechts und rollen durch die Felder, Wiesen und Wäldchen der Kulturlandschaft **Ulmer Winkel** ⑤ auf

Die einflussreichen und wohlhabenden Ulmer Patrizier bauten im 16. Jahrhundert kleine Schlösschen für die Sommerfrische. So wurden die Ländereien „rechts der Donau" schnell landläufig als ***Ulmer Winkel*** *bezeichnet.*

dem baulich getrennten Radweg für 3,2 Kilometer bis zum Ortseingang von **Holzheim.**

Auf der **Hauptstraße** radeln wir in den Ort hinein, bis sie an einer Rechtskurve in die **Kirchstraße** mündet. Nach 70 Metern orientieren wir uns wieder nach links und biegen in die **Neuhauser Straße** ein. Hier befindet sich nach wenigen Metern auch die erste der beiden Möglichkeiten für eine entspannte Einkehr. Auf der rechten Straßenseite können im Biergarten oder dem heimelig eingerichteten Gastraum des **Gasthauses Adler** ❻ leckere **Südtiroler Spezialitäten,** wie das Bozner Bauerngröstl, Schlutzkrapfen oder Speckknödel, genossen werden. Für ein kühles, und vor allem **selbstgebrautes Bier** und einen **Schwäbischen Wurstsalat** müssen wir uns jedoch nochmals für rund einen Kilometer auf den Sattel schwingen und in das benachbarte **Neuhausen** radeln. Dafür rollen wir weiter

Ulmer Winkel

Einfahrt zum
Hofgut Neubronn

auf der **Neuhauser Straße** und biegen nach 290 Metern am Friedhof nach links in die **Ulmer Straße** ein. Dieser folgen wir für 400 Meter in einem Rechtsknick, um dann wieder nach links in die **Ortsstraße** einzubiegen. Auf **Höhe des Dorfkreuzes** befindet sich rechter Hand 70 Meter den Hügel hinauf die urige **Brauereigaststätte** des **Bärenwirtes Neuhausen** ❼. Hier, im Kastaniengarten, wird bayerisch-schwäbische Gastlichkeit großgeschrieben und auch Kinder sind gern gesehene Gäste.

In ganz Neu-Ulm verteilt befinden sich rund 100 ***Infostelen mit historischen Informationen*** *und alten Fotos zur Stadt-, Stadtteil- und Dorfgeschichte. An der Stele in Tiefenbach wird die Geschichte des Dörfchens wieder lebendig.*

Für die Weiterfahrt folgen wir dem Rad-Hauptwegweiser in Richtung **Holzschwang** und somit der **Ortsstraße** weiter in südlicher Richtung. Sie mündet nach 300 Metern in den **Neubronner Weg,** welchem wir erst in einem Links-rechts-Knick vorbei an einer Schrebergartenkolonie folgen. Nach wenigen hundert Metern erreichen wir das **Hofgut Neubronn**, wo sich nicht nur das **ehemalige Schloss Neubronn** ❽**,** sondern auch ein kleiner, aber feiner **Hofladen** befindet. Nach einem weiteren Kilometer erreichen wir das ehemalige **Schloss in Tiefenbach** ❾**,** das idyllisch an einem Weiher liegt. Eine **Infostele** versorgt uns mit historischen Informationen.

In Tiefenbach biegen wir nach dem letzten Gehöft in einen schmalen, leicht zu übersehenden, asphaltierten Wirtschaftsweg rechts den Berg hinauf ein. Von der Anhöhe aus haben wir einen **wunderbaren Ausblick** über den idyllischen Ulmer Winkel. Wir folgen dem Weg durch Felder und 230 Meter

Weiher am ehemaligen
Schlösschen Tiefenbach

Feldkreuz
bei Holzheim

den **Waldrand** entlang. An der nächsten Abzweigung radeln wir nach links und erreichen nach weiteren 230 Metern die **Landstraße** nach **Reutti.** Hier orientieren wir uns rechts auf dem baulich getrennten Radweg entlang der Landstraße, unterqueren die **A 8** und fahren am bewaldeten Friedhof vorbei auf der **Holzschwanger Straße,** bis sie an der Abzweigung zur Jedelhauser Straße in die **Neu-Ulmer Straße** mündet. Wir folgen der Neu-Ulmer Straße 260 Meter in nördlicher Richtung bis zur Abzweigung **Marbacher Straße.** Hier halten wir uns links und biegen nach 20 Metern gleich wieder nach rechts auf den baulich getrennten Radweg entlang der **Landstraße** ein. Die nächsten 2,4 Kilometer rollen wir, wieder mit Blick auf das Münster und den Albaufstieg, in **Richtung Ulm und Neu-Ulm.** An der Kreuzung mit dem **Eulesweg** biegen wir nach rechts ein und erreichen nach 550 Metern wieder den Ausgangspunkt unserer Tour am **Trimm-dich-Pfad.**

Wer nach der Tour noch Lust auf sportliche Ertüchtigung hat, kann auf dem ***Trimm-dich-Pfad****, welcher ebenfalls am Wanderparkplatz startet, seine Geschicklichkeit und Kraft unter Beweis stellen. Die Übungen sind dabei auf den Hinweistafeln gut beschrieben.*

Münsterblick

Burlafingen
Pfuhl
Feldgraben
10
Brandstätter See
Buchberg
Römergraben
2
Steinheim
Straßer Weg
Neu-Ulmer-Straße
Straß
Roth
Eschachgraben
3
7
Landgraben
Leibi
Breitenhofstraße
Steinheimer Straße
Eulesweg
Finningen
Holzheim
6
Remmeltshofen
Raunertshofen
4
Biber
1
Alte Römerstraße
Kugelberg
7
Kadeltshofer Straße
Kadeltshofen
P
Eulesgraben
Reuttier Straße
Schloß-berg
Neuhausen
8
Neubronn
5
Berg
Roth
Schwarzgraben
Buchwald
Reutti
Rosenberg
9
Tiefenbach
Plessenteich
Hauptstraße
Pfaffenhofen an der Roth
Hirbishofen

Alles auf einen Blick

WIE & WANN:
Asphaltierte und geschotterte Wege, wenig Autoverkehr und baulich getrennte Radwege; am besten zwischen Ostern und Herbstferien bei trockenem Wetter

HIN & WEG:
Auto: Wanderparkplatz Finninger Ried, Alte Römerstraße, 89231 Neu-Ulm (GPS 48.375250, 10.051093)
ÖPNV: Kein direkter Anschluss an die Strecke

ESSEN & ENTSPANNEN:
Gasthaus Adler – Südtiroler Speckstube ❻ Neuhauser Straße 4, 89291 Holzheim, Tel. (0 73 02) 52 34, www.adler-holzheim.de
Bärenwirt Neuhausen ❼ Hohlgasse 2, 89291 Holzheim, Tel. (0 73 02) 31 13, www.baerig-gut.de
Hofladen im Hofgut Neubronn ❽ Neubronn 2, 89233 Neu-Ulm, Tel. (0 73 02) 51 00

ENTDECKEN & ERLEBEN:
Kneippanlage am Landgraben ❶ 89233 Neu-Ulm
Blühwiese mit Lehrpfad ❷ 89233 Neu-Ulm
Flüsschen Roth ❸
Keltische Viereckschanze ❹ 89284 Pfaffenhofen an der Roth (OT Raunertshofen)
Ulmer Winkel ❺
Schloss Neubronn ❽ siehe Essen & Entspannen
Schloss Tiefenbach ❾ 89233 Neu-Ulm

Entspannung ✱✱✱✱✱
Genuss ✱✱✱✱✱
Erlebnis ✱✱✱✱

- 45 Kilometer
- 233 Höhenmeter
- 4,5 Stunden
- Rundtour

Kreismustergarten

Unsere 45 Kilometer lange Rundtour startet auf dem **Wanderparkplatz** am Iller-Radweg an der **Grünen Lunge** in Vöhringen. Wir erleben eine kulinarische Auszeit im **Café des Museums für Gartenkultur**, unternehmen eine Tretbootfahrt am **Roggenburger Weiher,** erkunden auf den Spuren der Fugger die **Weißenhorner Altstadt** und erfahren Entspannung und Entschleunigung pur im blühenden **Kreismustergarten.**

Vom Parkplatz am **Naherholungsgebiet Grüne Lunge** ❶ aus orientieren wir uns in südlicher Richtung auf dem geschotterten **Iller-Radweg** ❷ und überqueren nach 2,8 Kilometern auf einem schmalen Steg den **Illerkanal**/**UIAG-Kanal,** welcher zur Stromgewinnung an einem der unzähligen Stauwerke entlang des Flusslaufs geschaffen wurde. Wir halten uns für die nächsten 1,6 Kilometer am westlichen Ufer, bevor wir an der **Illerbrücke bei Regglisweiler** die Flussseite wechseln. Hier folgen wir dem teils schattigen Iller Radweg für weitere 3,6 Kilometer, begleitet vom Zwitschern der Vögel und dem Rauschen der Stromschnellen. Dabei fungiert der dichte **Auwald** als natürliche Pufferzone zu den Orten Regglisweiler und Dietenheim, die wir rechter Hand hinter uns lassen. An der **Illerbrücke bei Dietenheim** überqueren wir die Iller sowie den UIAG-Kanal auf einem baulich getrennten Radweg und

Landpartie

Zwischen Iller und Biber

folgen dem Rad-Hauptwegweiser Richtung **Illertissen.** Wir queren auf der **Dietenheimer Straße** den ersten Kreisverkehr und nach weiteren 450 Metern einen weiteren Kreisverkehr am **Freizeitbad Nautilla.**

*Im **Bayerischen Bienenmuseum** brummt und summt es das ganze Jahr über. Hier erfährt man mehr über interessante, spannende und außergewöhnliche Themen rund um das emsige Nutztier und kann eine leibhaftige Bienenkönigin samt ihrem Hofstaat besuchen.*

Nach weiteren 650 Metern überqueren wir eine Bahnlinie und biegen nach links in die **Bahnhofsstraße** ein. Dieser folgen wir für 300 Meter bis zum alternativen Einstieg in die Tour am **Bahnhof Illertissen.** Von dort folgen wir der **Hauptstraße** geradewegs vom Bahnhofsgebäude weg. Nach 600 Metern mündet die Hauptstraße in die **Vöhlinstraße,** die sich in östlicher Richtung den Berg hinaufzieht. Dabei lugt der Zwiebelturm des neuzeitlichen **Vöhlinschlosses** rechter Hand zwischen den Baumwipfeln hervor. Dieses ist ein Nachfolgebau der hochmittelalterlichen Burg zu *Tüssen* und beherbergt heute, neben einem Tagungszentrum, das **Bayerische Bienenmuseum** ③ sowie das **Heimatmuseum Illertissen.** Das Schloss erreichen wir, indem wir an der Kreuzung **Tiefenbacher Weg** scharf rechts in die 500 Meter lange, ansteigende **Schloßallee** einbiegen.

Iller-Radweg

Vöhlinschloss

Für die Seele

Im Schaugarten der Staudengärtnerei erleben wir, wie nach japanischem Vorbild Vergänglichkeit und Schönheit gekonnt miteinander verbunden werden.

*Die **Staudengärtnerei Gaißmayer** setzt seit über 40 Jahren auf ein ökologisches, ganzheitliches Anbaukonzept, in dem Stauden, Kräuter und Gartenkunst ihren Platz finden. Im Museum für Gartenkultur können zudem vergessene Pflanzenschätze entdeckt werden.*

Zur Weiterfahrt orientieren wir uns geradeaus und folgen dem **Tiefenbacher Weg** für einen Kilometer zwischen Wiesen und Feldern hindurch auf einer wenig befahrenen Nebenstraße. An der Abzweigung **Zum Flugplatz** halten wir uns rechts und überqueren nach 300 Metern die **A 7**. Nach 190 Metern erreichen wir eine Kreuzung, an der die Jungviehweide, sprich die **Staudengärtnerei,** ausgeschildert ist. Für einen empfehlenswerten Besuch der **Staudengärtnerei Gaißmayer** ❹ mit ihrem **Museum für Gartenkultur** und einer wohlverdienten kulinarischen Auszeit im **Museumscafé** folgen wir dem asphaltierten Fahrweg für einen knappen Kilometer entlang des schattigen Waldrandes. Hier nehmen wir uns Zeit für eine fußläufige Erkundungstour des ausgedehnten **Schaugartens,** der nach dem japanischen Konzept Wabi-Sabi gestaltet ist.

Zur Weiterfahrt rollen wir zurück bis zum Parkplatz, wo wir uns links halten und einem geschotterten Feldweg durch einen Rechtsknick bis zum asphal-

Staudengärtnerei Gaißmayer

Café und Museum der Gartenkultur

tierten Wirtschaftsweg zurückfolgen. Wir halten uns links und rollen weiter in Richtung **Segelflughafen Illertissen.** Ab hier orientieren wir uns an dem grün-blauen Tourensymbol der **Klosterweiher Rundtour.** Diese ist knapp 31 Kilometer lang und eine von sechs offiziell ausgeschilderten Radtouren durch den Landkreis Neu-Ulm. Auf dem quadratischen Sonderschild sind die beiden markanten Türme des Klosters Roggenburg stilisiert.

Ab dem **Segelflughafen Illertissen** führt uns die durch Radwegweiser sehr gut beschilderte Klosterweiher Rundtour mal rechts, mal links auf einem geschotterten Feldweg durch die Wiesen der flachen Riedlandschaft bis zur **Landstraße.**

Dort orientieren wir uns links und folgen dem baulich getrennten Radweg für 1,3 Kilometer nach **Gannertshofen.** In Gannertshofen quert der Radweg die Landstraße und wenige Meter weiter zweigen wir rechts in die **Bürgermeister-Haas-Straße** ab. Nach 180 Metern halten wir uns links und folgen dem **Schleifweg** bis zum Sportplatz. 650 Meter hinter dem Sportplatz stoßen wir auf eine T-Kreuzung vor einem

Gehöft, wo wir uns erst rechts und dahinter gleich wieder links wenden. Ab hier verläuft der geschotterte Feldweg hügelig und teils schattig durch den Wald, aber auch auf sonnigen Abschnitten durch Felder und Wiesen bis an die Kreuzung mit der Landstraße bei **Messhofen**. Hier orientieren wir uns links und folgen der **Illertisser Straße** in einem Linksknick durch den Ort. Ab dem Ortsende rollen wir auf dem baulich getrennten Radweg bis zum Kreisverkehr, an dem der **Roggenburger Weiher** 5 auf dem Rad-Hauptwegweiser ausgeschildert ist. Entlang des mit Schilf umsäumten Weiherufers erreichen wir auf der **Weiherstraße** das Ende des Weihers, wo wir nach rechts einen Abstecher zur **Alten Mühle am See** 6 unternehmen. Im Schatten der Zwiebeltürme der Klosterkirche gönnen wir uns eine kulinarische Auszeit und erkunden den Weiher mit dem Tretboot.

Zur Weiterfahrt fahren wir zurück zur Weiherstraße, orientieren uns rechts und folgen dem Rad-Hauptwegweiser in Richtung **Weißenhorn.** Nach einem Kilometer erreichen wir die Kreuzung mit der **Weißen-**

Roggenburger Weiher

Brotzeit in der Alten Mühle am See

horner Straße in **Biberach.** Wir halten uns links und rollen 3,4 Kilometer auf dem baulich getrennten Radweg entlang der Landstraße bis zum **Obstwiesenpfad** ⑦ am Ortseingang von Weißenhorn. Wir radeln weiter auf der **Roggenburger Straße** bis zum Kreisverkehr. Dort nehmen wir die erste Ausfahrt und folgen der **Memminger Straße** für 450 Meter in nördlicher Richtung. Hier dürfen wir als Fahrradfahrer entgegen der Einbahnstraße bis zum **Hauptplatz** fahren. Am nördlichen Ende des Kreisverkehrs wenden wir uns links und queren das markante **Obere Tor,** welches der optimale Einstieg zur Erkundung der **historischen Altstadt** ⑧ mit ihren historischen Bürger- und Fachwerkhäusern sowie dem **Stadtschloss** ist.

Wir rollen am Kirchplatz, welcher von der Kirche Mariä Himmelfahrt, der **Barfüßer Hausbrauerei** ⑨ und kleineren Geschäften eingerahmt ist, vorbei und folgen der **Hauptstraße** für 230 Meter bis zum **Unteren Tor.** Dieses durchqueren wir und halten uns links, um in die **Bahnhofstraße** einzubiegen. An der Kreuzung mit der **Herzog-Georg-Straße** orientieren wir uns rechts und folgen ihr bis zum Kreisverkehr. Diesen verlassen wir an der dritten Ausfahrt auf der **Ulmer Straße.** Nach

Jakob Fugger ließ Anfang des 16. Jahrhunderts den prächtigen Weißen Bau in Form eines ***Stadtschlosses*** *unweit des Oberen Tores errichten. Heute ist in dem, im 18. Jahrhundert barockisierten, dreigeschossigen Gebäude die Stadtverwaltung Weißenhorns untergebracht.*

Der 140.000 Hektar große **Kreismustergarten** ist der ideale Ort für eine Inspirationsreise mit allen Sinnen. Inmitten der bunt blühenden und duftenden Rosen- und Staudenbeete oder im Schatten der Obstbäume lässt sich nochmals Kraft für den Alltag tanken.

1,5 Kilometern auf dem baulich getrennten Radweg entlang der Landstraße erreichen wir die Einfahrt zum wunderbaren **Kreismustergarten ⑩.**

Für die Weiterfahrt folgen wir dem Rad-Hauptwegweiser in Richtung **Neu-Ulm.** Nach 1,2 Kilometern entlang der Landstraße biegen wir links in einen **geschotterten Feldweg** ein. Ein auf der rechten Seite etwa 200 Meter hinter der Abzweigung liegendes Gehöft dient uns dabei als Orientierungspunkt. Auf dem Feldweg queren wir nach 1,1 Kilometern an einem beschrankten Bahnübergang die Gleise. Wir halten uns rechts und folgen dem Radwegweiser geradeaus auf dem nunmehr **asphaltierten Wirtschaftsweg** entlang des Waldrandes von den Schienen weg. Nach 550 Metern erreichen wir die **Streuobstwiese der Stadt Vöhringen ⑪,** biegen rechts ab und unterqueren nach 550 Metern die **A 8.** Wir radeln in **Illerberg** auf dem **Errachweg** bis zur Kreuzung mit der Gartenstraße. Hier fahren wir nach links und gleich wieder rechts, um dem Errachweg bis zur Kreuzung mit der **Witzighauser Straße** zu folgen, in die wir links abzweigen. Sie mündet nach 300 Metern in die **Obere Hauptstraße.** Nun geht es in rasanter Fahrt mit 16 Prozent Gefälle den Berg hinunter. Gerade die beste Zeit für ein leckeres Eis aus dem Verkaufsautomaten der **Eismanufaktur Eisberg** ⑫, der gegenüber dem **Stadtbrunnen von Thal** an der Ecke Untere Weiherstraße zu finden ist. Wir folgen dem Rad-Hauptwegweiser weiter in Richtung **Vöhringen** auf der **Unteren Hauptstraße** und rollen ab dem Ortsende von Thal auf dem baulich getrennten Radweg bis zum Kreisverkehr. Diesen verlassen wir an der dritten Ausfahrt und folgen dem Radweg für einen halben Kilometer entlang der Landstraße bis zum nächsten Kreisverkehr. Diesen verlassen wir an der ersten Ausfahrt und radeln auf der **Rue de Vizille** in Richtung Vöhringer Innenstadt. Das letzte Stückchen bis zur Kreuzung mit der **Memminger Straße** verläuft entlang des munter vor sich hinplätschernden **Mühlbachs.** Wir biegen rechts in die Memminger Straße und verlassen den nächsten Kreisverkehr an der zweiten Ausfahrt auf der **Vöhlinstraße.** Diese mündet in einem Linksknick in die **Illerstraße,** die sich gleich darauf wieder nach rechts windet. Sie quert am Rand der Innenstadt erst den **Illerkanal** und überspannt das weitläufige Werksgelände der Firma Wieland. Kurz vor der **Illerbrücke** halten wir uns rechts und rollen unter der Brücke hindurch zurück zur **Grünen Lunge.**

*Der Baggersee im Naherholungsgebiet **Grüne Lunge** lädt im Anschluss an die Radtour zu einer verdienten Erfrischung an heißen Sommertagen ein, und kleine Radfahrer können sich auf dem großzügigen Spielplatz austoben.*

Herrlicher Ausblick

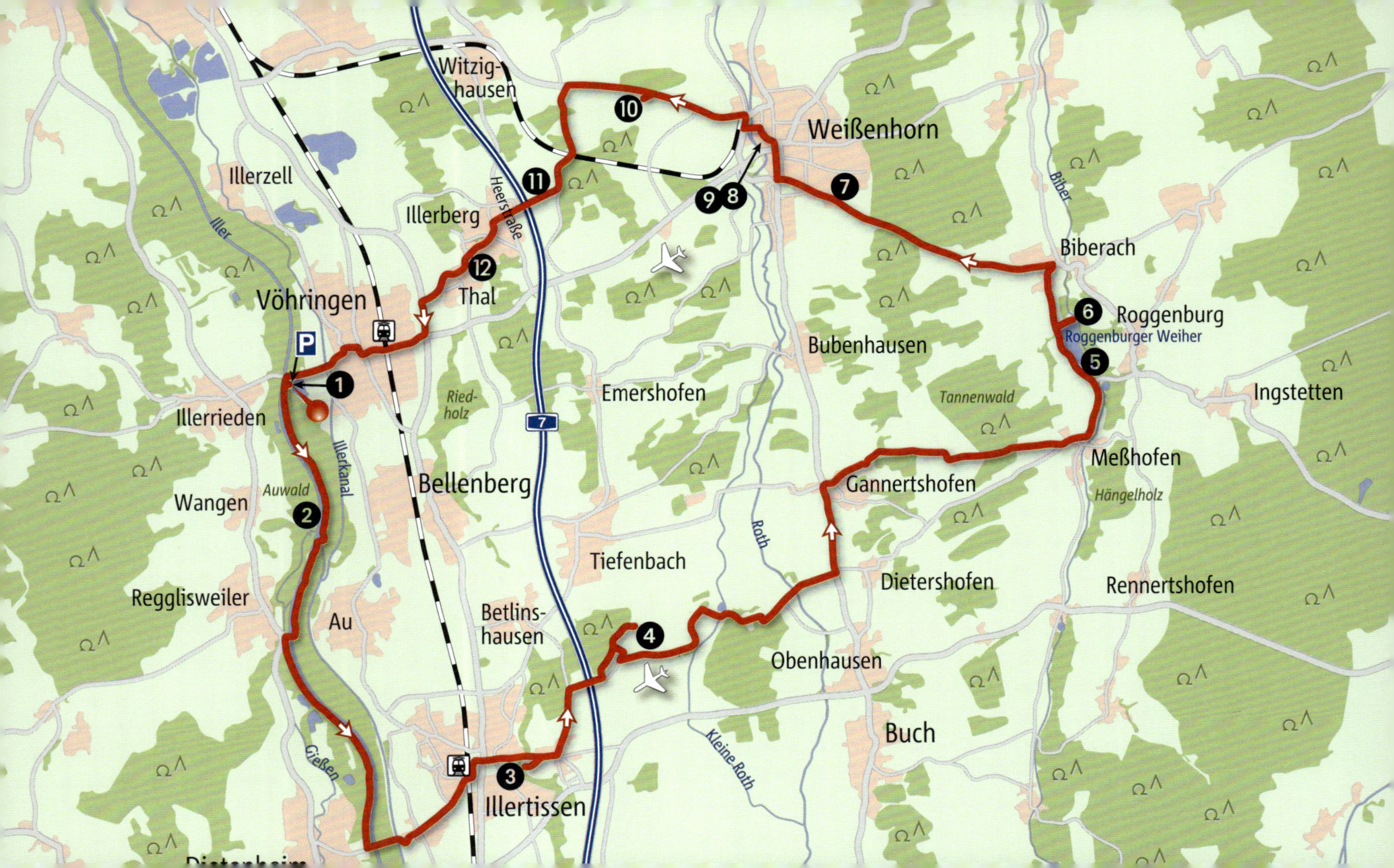
Witzig-
hausen
Weißenhorn
Illerzell
Illerberg
Heerstraße
Iller
Biberach
Biber
Roggenburg
Roggenburger Weiher
Vöhringen
Thal
Bubenhausen
Ingstetten
Emershofen
Tannenwald
Illerrieden
Ried-
holz
Illerkanal
Meßhofen
Hängelholz
Bellenberg
Gannertshofen
Wangen
Auwald
Roth
Tiefenbach
Dietershofen
Rennertshofen
Regglisweiler
Au
Betlins-
hausen
Obenhausen
Buch
Kleine Roth
Gießen
Illertissen
7

Alles auf einen Blick

WIE & WANN:
Großteils asphaltierte Wege, vereinzelt Stadtverkehr und wenig befahrene Straßen bzw. Radwege entlang der Straße; am besten im Frühsommer ab Ostern bei trockenem Wetter

HIN & WEG:
Auto: Wanderparkplatz am Iller-Radweg, 89269 Vöhringen (GPS 48.273592, 10.064905)
ÖPNV: RB RS 7 und RE 75 von Ulm oder Memmingen bis Bahnhof Illertissen. Die Tour beginnt und endet dann am Bahnhof.

ESSEN & ENTSPANNEN:
Museumscafé in der Staudengärtnerei Gaißmayer ❹ Jungviehweide 3, 89257 Illertissen, Tel. (0 73 03) 60 89 60, www.gaissmayer.de
Alte Mühle am See ❻ Klostermühle 1, 89297 Roggenburg, Tel. (0 73 00) 54 90, www.altemuehleamsee.de
Barfüßer Hausbrauerei ❾ Kirchplatz 6, 89264 Weißenhorn, Tel. (0 73 09) 9 29 01 10, www.barfuesser-brauhaus.de/standort-weissenhorn
Streuobstwiese der Stadt Vöhringen ⓫ 89269 Vöhringen (OT Illerberg)
Verkaufsautomat Eismanufaktur Eisberg ⓬ Hauptstraße, 89269 Vöhringen (OT Thal)

ENTDECKEN & ERLEBEN:
Naherholungsgebiet Grüne Lunge ❶ 89269 Vöhringen
Iller-Radweg ❷ **Bayerisches Bienenmuseum im Vöhlinschloss** ❸ Schloßallee 23, 89257 Illertissen, Tel. (0 73 03) 69 65
Staudengärtnerei Gaißmayer ❹ siehe Essen & Entspannen
Roggenburger Weiher ❺ 89297 Roggenburg **Obstwiesenpfad** ❼ 89264 Weißenhorn
Historische Altstadt ❽ 89264 Weißenhorn
Kreismustergarten ❿ Ulmer Straße 31, 89264 Weißenhorn,

Entspannung ✱✱✱✱✱
Genuss ✱✱✱✱✱
Erlebnis ✱✱✱✱✱

Breitenthal

- 40,5 Kilometer
- 360 Höhenmeter
- 4,5 Stunden
- Rundtour

Unsere knapp 41 Kilometer lange Rundtour startet im **historischen Krumbach,** der zweitgrößten Stadt im Landkreis Günzburg, und führt uns durch die verwunschenen Wälder der katholisch geprägten Region mit unzähligen Wegkreuzen hin zu einer der beeindruckendsten Kirchenanlagen Bayerisch-Schwabens, dem **Kloster Roggenburg.** Wir fahren auf den Spuren der Fugger in das versteckt in den Hügeln liegende **Gräflich Fugger'sche Forsthaus** in Waldreichenbach und an den geschäftigen **Oberrieder Weiher,** wo in den Sommermonaten Bade- und Campingspaß garantiert ist.

Wir orientieren uns ab dem an der **Doktor-Schlögl-Straße** liegenden kostenfreien **Parkplatz 3 Stadtsaal** südwärts und biegen links in die **Nattenhauser Straße** ein. An der Kreuzung mit der Luitpold- und Babenhauser Straße halten wir uns geradeaus und folgen Letzterer für 170 Meter, wobei wir ab einem Linksknick parallel zum **Flüsschen Krumbach** radeln. Wir queren die nächste Straße und rollen weiter geradeaus auf dem Radweg entlang des Flüsschens bis zur Kreuzung mit der **Bahnhofsstraße.** Diese queren wir leicht nach rechts versetzt, um durch den wunderbar angelegten **Krumbacher Stadtpark** ❶ bis zum Brückchen über das **Flüsschen Kammel** zu rollen. Nach 100 Metern halten wir uns wieder links, überqueren das Flüsschen nochmals und rollen nach 140 Metern durch die Unterführung unter der **Lichtensteinstraße.** Hier befindet sich auch der **alternative Einstieg** bei einer Anreise mit der Bahn.

Roggenburger Land

Sakralkunst, Badespaß, Natur pur

Unsere Route führt uns weiter auf dem Radweg am westlichen Kammelufer entlang, bis wir auf die **Hans-Lingl-Straße** stoßen. Wir orientieren uns links und biegen nach 200 Metern in die **Nordstraße** rechts ab. An der nächsten T-Kreuzung folgen wir der Nordstraße nach links und an der T-Kreuzung vor einer Bahnlinie dem Radwegweiser nach rechts in nördliche Richtung. Dabei lassen wir den Wertstoffhof hinter uns und fahren entspannt für 1,2 Kilometer parallel zur Bahnlinie auf dem **Kammeltal-Radweg ❷**. Diesem folgen wir weiter, indem wir uns auf Höhe des nächsten Bahnübergangs erst rechts und nach 80 Metern wieder links halten. Auf dem asphaltierten Wirtschaftsweg radeln wir so durch das idyllische **Kammeltal** mit seinem mäandernden Fluss und den Feuchtwiesen.

An der nächsten T-Kreuzung nahe **Billenhausen** halten wir uns links, queren auf der Bleicher Straße einen unbeschrankten Bahnübergang und biegen 30 Meter dahinter rechts ab. Wir rollen weiter durch das ländliche **Erisweiler** mit seinen zwei Kapellchen

Krumbacher Stadtpark

Kammeltal-Radweg

und folgen dem asphaltierten Wirtschaftsweg rund einen Kilometer weiter bis zum Ortseingang von **Halbertshofen.** Hier befindet sich an der Ortsstraße zu rechter Hand gelegen das hölzerne **Verkaufshäuschen von Konditormeisterin Veronika Mayer** ❸ mit vielen Leckereien, die einem die nächste Pause, z. B. am Oberegger Weiher, nochmals extra versüßen.

Von **Halbertshofen** folgen wir der Straße weiter bis an den Ortsanfang des nahe gelegenen **Neuburg an der Kammel.** Dort fahren wir an der Abzweigung **Schluchtstraße** nach links und folgen dem Rad-Hauptwegweiser in Richtung **Wattenweiler.** Bis zum Günztal-Radweg orientieren wir uns an dem offiziellen Tourensymbol

Für die Seele

Direkt am Waldrand genießen wir in der kleinen Waldreichenbacher Wallfahrtskapelle St. Leonhard für einen Moment die meditative Stille.

Günztal-Radweg

der **See, Seele & Selig Rundtour.** Auf den nächsten 1,7 Kilometern durch Felder, Wiesen und ein Wäldchen haben wir ein paar Höhenmeter zu überwinden, bis wir in **Höselhurst** im **Günztal** einrollen.

An der Kreuzung mit der **B 16** radeln wir nach links und nutzen den baulich getrennten Radweg parallel zur Straße für einen halben Kilometer. Wir biegen nach rechts in den **Unterwiesenbacher Weg** ein und folgen diesem bis zur Brücke über die Günz. Unmittelbar dahinter halten wir uns rechts und folgen dem **Günztal-Radweg** ❹ in südlicher Richtung mal rechts, mal links bis zur Kreuzung mit der **Dorfstraße** in **Oberegg.** In diesem Teil des Günztals wurde der Flusslauf im Rahmen der Bildung des Rückhaltebeckens für das Wasserkraftwerk Oberegg begradigt und der **Oberegger Stausee** ❺ aufgestaut. Diesen besuchen wir für eine Vesperpause, indem wir die **Günz** queren und dann nach rechts 600 Meter weiter in südlicher Richtung an ihrem östlichen Ufer entlangrollen.

Nach dem Abstecher rollen wir zurück zur **Dorfstraße** in Oberegg und folgen ihr nach links auf ihrem gewundenen Verlauf durch den verschlafenen Ort. Ab

*Das **Naturschutzgebiet und Vogelfreistätte Oberegger Stausee** ist ein wundervoller Ort, um das Fernglas auszupacken oder auch am Seeufer zu vespern und die Seele baumeln zu lassen.*

dem Ortsende steht uns auf dem nächsten halben Kilometer wieder ein baulich getrennter Radweg entlang der Landstraße zur Verfügung. Wir erreichen **Oberwiesenbach** auf der **Ortsstraße,** von der wir in die **Ingstetter Straße** links einbiegen und parallel zum Schwarzbach erst durch den ebenfalls beschaulichen Ort und dann durch Felder und Wiesen bis zum **Waldrand** rollen. Hier kann vor allem im Sommer dort, wo die Baumkronen der Allee noch nicht geschlossen sind, das faszinierende Spiel aus Licht und Schatten beobachtet werden, und auch das eine oder andere Reh beäugt uns neugierig.

Zur Weiterfahrt in **Richtung Ingstetten,** das bereits am Rad-Hauptwegweiser ausgeschildert ist, halten wir uns weiter geradeaus und tauchen tiefer in den **Unterroggenburger Wald** ein. Hier, in der absoluten Ruhe und Abgeschiedenheit, lädt das **Bänkchen am Bildstöckle** zu einer Auszeit ein. Der **geschotterte Feldweg** führt uns weiter durch den Forst, dessen Laub- und Nadelbäume sich wie ein schützender grüner Kokon um uns legen.

*Die **See, Seele & Selig Rundtour** führt uns rund 66 Kilometer, vorbei an Seen und Kirchen, von Neuburg an der Kammel über Krumbach, Ursberg und Ziementshausen. Sie ist eine von sechs offiziellen Günz-Bike-Touren.*

Auszeit am Oberegger Stausee

Bildstöckle im Unterroggenburger Wald

Am Waldrand folgen wir dem nun gepflasterten Wirtschaftsweg, der sich dennoch gut befahren lässt, für einen Kilometer, bis wir auf der **Wiesenbacher Straße** nach **Ingstetten** rollen. Der Weg führt uns dabei über eine Anhöhe, von der man einen wunderbaren Blick auf Ingstetten und die Zwiebeltürme der Roggenburger Klosterkirche hat.

Wir folgen der Wiesenbacher Straße bis zur **Krumbacher Straße,** welcher wir nach links für 550 Meter durch den Ort folgen. Für das kurze, jedoch sportliche Wegstück nach Roggenburg steht uns ab dem Ortsende wieder ein baulich getrennter Radweg entlang der Landstraße zur Verfügung. Wir erreichen die Abzweigung **Rennersthofer Straße** am **Großparkplatz Roggenburg** bereits nach einem knappen Kilometer. Für einen Besuch des **Prämonstratenser-Klosters Roggenburg** ❻ mit seinen wunderschönen Gärten, der üppig verzierten Rokoko-Klosterkirche und natürlich einer wohlverdienten Stärkung im **Klostergasthof** halten wir uns an der Kreuzung rechts und folgen der **Hauptstraße** für 260 Meter. Ab hier sind die Klosterkirche, der Klosterladen sowie der Gasthof samt Biergarten ausgeschildert. Wir folgen also den Wegweisern auf dem weitläufigen Klostergelände, denn der **Kräutergarten,** das **Efeulabyrinth** und der **Terrassengarten** mit seinen duftenden Rosen laden nicht nur die Mönche zu einer entspannten, sonnigen Auszeit ein.

*Die Stiftung der **Klosterkirche Roggenburg** geht bis in das 12. Jahrhundert zurück. Heute können das historische Sommerrefektorium, die historische Bibliothek und der Kapitelsaal im Rahmen von kurzweiligen Führungen besichtigt werden.*

Für die Weiterfahrt rollen wir auf bekanntem Weg zurück zum **Roggenburger Großparkplatz** und folgen der **Rennertshofer Straße** nun nach rechts in südlicher Richtung mit Blick auf Ingstetten. Nach 800 Metern passieren wir ein **Wegkreuz**

Ingstetten

Klosterbibliothek Roggenburg

vor einem markanten Baum und genießen im Anschluss auf 2 Kilometern die hügelige Fahrt durch Felder und Wiesen auf der Straße nach **Rennertshofen.** In Rennertshofen folgen wir nun der **Frankenhofstraße** durch den Ort und halten uns an der Kreuzung mit der Landstraße weiter geradeaus in Richtung **Christertshofen.** Nach 1,5 Kilometern erreichen wir kurz darauf die Abzweigung **Tafertshofer Straße** an der katholischen **Kirche St. Georg** in **Christertshofen.** Hier sehen die gepflegten Kirchen entlang unserer Route allesamt wie Miniaturausgaben der imposanten Roggenburger Klosterkirche aus und bilden einen feinen Kontrast zu den dörflich geprägten Ortschaften. Wir halten uns links und folgen dem Rad-Hauptwegweiser in Richtung **Tafershofen.**

Dabei passieren wir nach 850 Metern das **Fliegerdenkmal Christertshofen** ❼ am Wegesrand und folgen dem Radwegweiser nach **Waldreichenbach.** Hier befindet sich am Waldrand auf einer Lichtung die **Wall-**

In der Abgeschiedenheit des ***Oberroggenburger Waldes****, fern jeglicher Bebauung, waren während des Kalten Krieges auf dem amerikanischen Stützpunkt* Von Steuben *Pershing-Mittelstreckenraketen stationiert.*

fahrtskapelle St. Leonhard und das **Gräflich Fugger'sche Forsthaus 8,** welches zu einer weiteren kulinarischen Verschnaufpause einlädt. Im **ehemaligen Jagdhaus der Fugger** können wir ungezwungen inmitten der Natur in einer gemütlichen Kombination aus Biergarten und Gartenwirtschaft unter schattenspendenden Kastanien unsere Sorgen und die Zwänge des Alltags vergessen. Die sehenswerten Innenräume des Forsthauses sind eine interessante Reminiszenz an vergangene Zeiten.

Die nächsten 1,4 Kilometer führen uns, begleitet vom Zwitschern der Vögel und Summen der Bienen, durch den heute wieder so friedlichen **Oberroggenburger Wald** entlang des **Hinteren Huttenbachs.** Ab dem Waldrand folgen wir für 700 Meter dem nun asphaltierten Wirtschaftsweg nach halblinks und halten uns nach hügeliger Fahrt an einer Kreuzung rechts, um nach 450 weiteren Metern nochmals nach links in die **Tagobertstraße** in **Tafershofen** einzurollen.

Dieser folgen wir kurvig durch den Ort und queren nach 700 Metern wieder das Flüsschen Günz. Der Rad-Hauptwegweiser weist uns ab jetzt den Weg in Richtung **Oberrieder Weiher** auf dem **Günztal-Radweg.** Nach 800 Metern halten wir uns vor einer langgezogenen Rechtskurve links und 600 Meter weiter nochmals links. Wir folgen dem asphaltierten Wirtschaftsweg entlang der Seen im **Naherholungsgebiet Oberrieder Weiher** ❾. Hier auf dem Wohnmobilstellplatz bzw. Campingplatz direkt am „Wohlfühlsee" ist auch ein alternativer Einstieg für Campingenthusiasten möglich. Wir passieren den **Parkplatz am Weiher,** von dem der Kiosk sowie die Liegewiesen nur einen Steinwurf entfernt zu finden sind.

*Das **Naherholungsgebiet Oberrieder Weiher**, das seine Ursprünge im Kiesabbau hat, gehört heute mit 35 Hektar zu den größten Baggerseen in Bayerisch-Schwaben und ist bereits seit den 1960er Jahren ein Paradies für Camper, Bader, Segler, Surfer und Angler.*

700 Meter weiter der **Oberrieder Weiherstraße** folgend, queren wir nochmals die Günz und erreichen die **Landstraße** zwischen Breitenthal und Nattenhausen. Entlang dieser rollen wir auf dem baulich getrennten Radweg bis zum **Kreisverkehr** am Ortseingang von **Nattenhausen.** Wir verlassen den Kreisverkehr an der zweiten Ausfahrt und radeln weiter durch den Ort den Berg hinauf auf der **Hauptstraße.** Ab Ortsende fahren wir wieder auf einem baulich getrennten Radweg entlang der Landstraße, passieren die **Koiweiher** und ein Wäldchen. Am **Ortsrand von Krumbach** radeln wir entlang der **Nattenhauser Straße** durch ein Wohngebiet bis zum **Parkplatz am Stadtsaal,** der sich hinter einem beschrankten Bahnübergang linker Hand befindet.

Badespaß

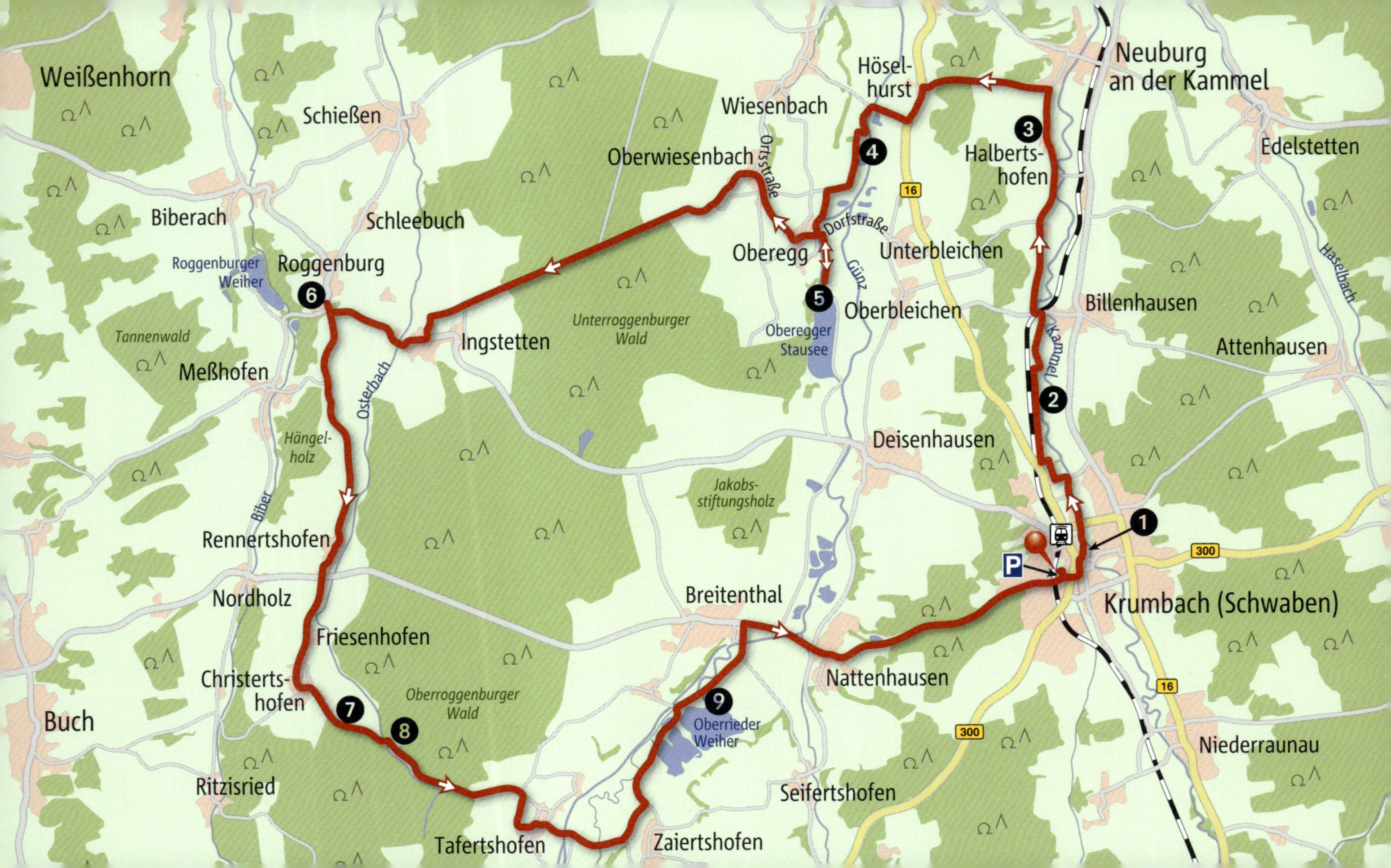
Weißenhorn
Schießen
Biberach
Schleebuch
Roggenburger Weiher
Roggenburg
Tannenwald
Meßhofen
Hängel-holz
Osterbach
Biber
Rennertshofen
Nordholz
Friesenhofen
Christerts-hofen
Buch
Ritzisried
Tafertshofen
Oberroggenburger Wald
Zaiertshofen
Oberrieder Weiher
Seifertshofen
Nattenhausen
Breitenthal
Jakobs-stiftungsholz
Ingstetten
Unterroggenburger Wald
Oberwiesenbach
Ortsstraße
Wiesenbach
Oberegg
Dorfstraße
Obereggger Stausee
Günz
Oberbleichen
Unterbleichen
Hösel-hurst
Halberts-hofen
Billenhausen
Kammel
Deisenhausen
Attenhausen
Neuburg an der Kammel
Edelstetten
Haselbach
Krumbach (Schwaben)
Niederraunau
16
300
P
1
2
3
4
5
6
7
8
9

Alles auf einen Blick

WIE & WANN:

Abwechselnd Asphalt- und unbefestigte Wege bzw. Radwege entlang der Straße; am besten im Frühsommer ab Ostern bei trockenem Wetter

HIN & WEG:

Auto: Parkplatz 3 Stadtsaal, Doktor-Schlögl-Straße, 86381 Krumbach (Schwaben) (GPS 48.242425, 10.357903)

ÖPNV: RB 78 von Günzburg oder Mindelheim bis Bahnhof Krumbach. Vom Bahnhof über die Lichtensteinstraße 220 Meter bis zum Fluss Kammel, davor links auf den Radweg am Flussufer.

ESSEN & ENTSPANNEN:

Verkaufshäuschen von Konditormeisterin Veronika Mayer ❸ Ortsstraße 6, 86476 Neuburg an der Kammel, Tel. (01 70) 2 90 80 47, www.veronika-mayer-konditormeisterin.de

Gasthof im Prämonstratenser-Kloster Roggenburg ❻ Klosterstraße 5, 89297 Roggenburg, Tel. (0 73 00) 92 19 20, www.kloster-roggenburg.de

Gräflich Fugger'sches Forsthaus ❽ Waldreichenbach 1, 89290 Buch, Tel. (0 73 43) 2 17, www.waldreichenbach.de

ENTDECKEN & ERLEBEN:

Krumbacher Stadtpark ❶ 86381 Krumbach (Schwaben)

Kammeltal-Radweg ❷

Günztal-Radweg ❹

Oberegger Stausee ❺ 86519 Wiesenbach

Kirche und Gärten im Prämonstratenser-Kloster Roggenburg ❻ siehe Essen & Entspannen

Fliegerdenkmal Christertshofen ❼ 89290 Buch

Oberrieder Weiher mit See Camping Günztal ❾ Oberrieder Weiherstraße 5, 86488 Breitenthal, Tel. (0 82 82) 88 18 70, www.see-camping-guenztal.de

Entspannung ★★★★☆

Genuss ★★★★★

Erlebnis ★★★★★

Auszeit am Lech
32,2 Kilometer
56 Höhenmeter
3 Stunden
Rundtour

Wir starten unsere gemütliche Rundtour entlang des Lechs und durch den **Augsburger Stadtwald**, mit vielen Auszeit- und Bademöglichkeiten sowie einem Zoobesuch, am **P+R-Parkplatz Friedberg West.**

Von hier aus halten wir uns rechts und folgen dem Rad-Hauptwegweiser in Richtung **Augsburg Zentrum.** Nach ein paar Metern queren wir die Straßenbahngleise und fahren weiter auf dem baulich getrennten Radweg entlang der **B 300** in Richtung Zentrum. Auf Höhe der **Wallfahrtskapelle** rollen wir in die **Maria-Alber-Straße** und folgen dieser 450 Meter bis zur Kreuzung mit der Grüntenstraße. Hier halten wir uns halbrechts, passieren eine schmale Durchfahrt und radeln auf der **Grüntenstraße** durch das Wohngebiet bis zur Kreuzung **Friedberger Straße,** wie hier die vielbefahrene **B 300** heißt, auf der uns ein **Fahrradstreifen** für eine sichere Fahrt zur Verfügung steht. Ihr folgen wir nach rechts durch den Stadtteil Hochzoll bis zur Brücke über den Lech.

Kurz vor der **Hochzoller Lechbrücke** halten wir uns rechts und rollen die **geschotterte Abfahrt** hinunter bis zum Ufer. Dort folgen wir dem **Lech-Radweg** ❶ auf der **Freizeitroute** in Richtung **Hochablass.** Wir unterqueren daher die Friedberger Straße, fahren ein kurzes Stück am Fluss entlang auf der **Oberländer Straße,** unterqueren eine Bahnlinie und halten uns wieder halbrechts, um auf dem geschotterten Radweg durch den **Lechpark** zu radeln. Direkt am **Hochablass** ❷ gönnen wir uns im **Biergarten der Schwarzen Kiste** ❸ ein

*Der **Hochablass** ist wohl das markanteste Lechwehr im Augsburger Stadtgebiet. In den Jahren 1911–12 errichtet, spielt die Stahlbetonkonstruktion mit ihrem Glockentürmchen seit jeher eine zentrale Rolle im städtischen Wasser- und Abwassersystem.*

Waldgeflüster

Unterwegs im Augsburger Stadtwald

zweites Frühstück oder auch eine Erfrischung an heißen Sommertagen.

Gestärkt lassen wir den Hochablass hinter uns, halten uns rechts und fahren über das Wehr des **Kuhsees ❹.** Für einen **Sprung in dessen kühles Nass** halten wir uns direkt hinter dem Stauwehr links und biegen auf den geschotterten Uferweg entlang des Sees ein. Ansonsten halten wir uns weiter auf dem Lech-Radweg, welcher parallel dazu hinter dem **Hochwasserdamm** verläuft. Wählen wir die Route am See entlang, treffen wir an dessen südlichem Ende beim Kinderspielplatz wieder auf den Radweg. Nach 3,3 Kilometern erreichen wir die **Staustufe Haunstetten** und wenige Meter dahinter das Ufer des **Auensees ❺.** Mit seinem wunderbaren Seerosenbewuchs und dem teils dichten Schilf bietet er auch Freunden der Freikörperkultur eine gute Möglichkeit zum Baden, Sonnen und Relaxen. Wie an fast allen Seen im Augsburger Umland ist auch hier in den Sommermonaten die Wasserwacht für die Sicherheit der Badegäste am Start.

Auf den nächsten rund 6 Kilometern bis zur **Lechstaustufe 23** in **Merching** führt der Lech-Radweg

Hochablass

hinter dem Damm weiter. Schöner radelt es sich jedoch bei trockener Witterung auf dem Weg direkt am Ufer des Lechs. Dieser ist teils begrünt, teils geschottert, aber trotzdem noch sehr gut mit dem Drahtesel befahrbar. Auf Höhe der **Staustufe bei Kissingen** rollen wir daher in den schattigen und verwunschen anmutenden **Auwald,** um auch die ein oder andere Auszeit auf dem **Kiesstrand am Lech** genießen zu können. In Sichtweite der **Lechstaustufe 23** treffen beide Wege wieder zusammen.

Wir verlassen die grünen Auen, queren die **Landstraße** zwischen Mering und Königsbrunn und rollen über einen Links-rechts-Schlenker Richtung Stausee, um nach ein paar Metern nach rechts auf den Damm

Für die Seele

Das klare Wasser des Stempflesees, in dem sich die Sonnenstrahlen brechen, changiert in allen erdenklichen Blau- und Grüntönen.

Mandichosee

der Lechstaustufe 23 hinaufzurollen. Von hier oben haben wir einen wunderbaren Ausblick über den **Mandichosee** ❻. Dieser erfreut sich vor allem bei Wassersportlern großer Beliebtheit. Hier gleiten Kitesurfer durch die Lüfte und Segelboote sowie Windsurfer verbreiten mit ihrem weißen Tuch ein wahrhaftiges Urlaubsfeeling.

Wir rollen den Damm auf der anderen Seite hinunter und folgen für 700 Meter dem baulich getrennten **Radweg** entlang der Landstraße, welche wir sicher auf Höhe einer Verkehrsinsel queren. **Haunstetten** bzw. **Augsburg Zentrum** sind jetzt bereits am Rad-Hauptwegweiser ausgeschildert. Wir fahren rechts ein paar Meter zurück und biegen dann links in den geschotterten Waldweg ein. Hier umfahren wir die Schranke und befinden uns unter dem grünen Blätter- und Nadeldach des **Augsburger Stadtwaldes** ❼, der mit einer stolzen Fläche von 7679 Hektar nicht nur der größte Forst Bayerns, sondern auch der zweitgrößte Deutschlands ist. Wir folgen dem sehr gut ausgebauten Waldweg für 4 Kilometer in nördlicher Richtung. Dabei sind immer wieder Areale durch Zäune abgegrenzt, dient das Gebiet doch auch als Trinkwasser- und Naturschutz-

*Das einzigartige **Wassermanagement-System Augsburgs** repräsentiert eine über 800 Jahre alte urbane Wasserlandschaft und Wasserwirtschaft. 2019 fand dies international als UNESCO-Weltkulturerbe Würdigung. Das Infozentrum befindet sich am Rathausplatz.*

gebiet und ist ein wichtiger Teil des **Wassermanagement-Systems** der Stadt.

Im Stadtwald gibt es, verbunden durch ein dichtes Netz an Wander- und Fahrradwegen, die ein oder andere historische Stätte zu entdecken. Daher biegen wir an einer Kreuzung am Waldrand nach rechts ab, queren zwei Gräben und erreichen nach insgesamt 700 Metern die Abzweigung zum **Alten Schießplatz Haunstetten 8.** Die sogenannte Schießplatzheide im **Siebentischwald** befindet sich linker Hand, knapp 100 Meter versteckt in den Bäumen und ist heute umgeben von friedensbetonender Stille und der wunderbaren Natur, die die betonierten Überreste fast komplett zurückerobert hat.

Nach weiteren 290 Metern in östlicher Richtung halten wir uns auf Höhe des **Wasserkraftwerks Meringerau Süd** links und nehmen uns eine Auszeit an den **Rohböden am Alten Schießplatz 9,** einem Kleinod inmitten von Heide und blühenden Wiesen. Die sogenannte **Lechheide,** die auf Kiesbänken des Lechs über die Jahr-

*Der **Alte Schießplatz Haunstetten** kann auf eine über 100-jährige Geschichte zurückblicken, diente er doch bis in die 1980er Jahre erst der Reichswehr, dann der Wehrmacht und später dem US-Korps und der Bundeswehr als Ausbildungsstätte.*

Alter Schießplatz im Stadtwald

hunderte entstanden ist, wird heute von Schmetterlingen aller Couleur bevölkert. Rings um uns summt und brummt es und in den **Biotopen der Kalkflachmoore** gibt im Schutz des Schilfs der ein oder andere Frosch sein Konzert.

Wir folgen dem Waldweg für 550 Meter in nördliche Richtung durch ein Wäldchen und eine Blumenwiese mit Orchideen und rollen im Anschluss am Waldrand entlang einen halben Kilometer, bis wir auf den nächsten Forstweg stoßen. Hier halten wir uns links und in 400 Metern rechts, nun wieder dem Rad-Hauptwegweiser in Richtung **Augsburg Zentrum** folgend. Nach 600 Metern lassen wir das dichte Grün des Stadtwaldes hinter uns und fahren weiter in nördlicher Richtung durch Wiesen bis zur **Infotafel Siebenbrunn – Ein Ort mit Geschichte und Zukunft.** Auf dieser wird über die wechselhafte Geschichte der Gegend zwischen Galgen und Abdecker, landwirtschaftlicher Nutzung und gutsituiertem Bürgertum informiert.

Wir biegen nach links und rollen durch im Frühsommer blühende Wiesen mit Streuobstbäumen. Nach 750 Metern orientieren wir uns an der Kreuzung mit der **Siebenbrunnerstraße** rechts. Auf dieser radeln wir bis zur Kreuzung mit dem **Ochsenbachweg** und gönnen uns im Kastanien-Biergarten der **Waldgaststätte Jägerhaus** ⑩ in historischer Kulisse eine kulinarische Auszeit mit österreichischen Spezialitäten oder dem ein oder anderen Biergarten-Klassiker. Zur Weiterfahrt folgen wir der Siebenbrunnerstraße weiter durch den Siebentischwald. Kurz hinter der Waldgaststätte umfahren wir erneut eine Schranke und orientieren uns an der Weggabelung in 900 Metern links. Wer will, kann hier einen Abstecher nach rechts zum 130 Meter entfernten Galgenablass machen. Zurück auf unserer Route queren wir bald darauf den **Siebenbrunner Bach.** 250 Meter weiter halten wir uns an der Wegkreuzung links, queren erneut den Siebenbrunner Bach und folgen dem Rad-Hauptwegweiser in Richtung **Stempflesee.** Nach 600 Metern schattiger Fahrt unter dem dichten Blätterdach halten wir uns an der Gabelung rechts und erreichen nach 220 Metern eine der Zufahrten zum **Stempflesee** ⑪, dessen Blau schon durch den Blätterwald hindurchscheint.

Für unsere Weiterfahrt in Richtung Zoologischer Garten folgen wir der **Siebenbrunnerstraße** weiter in

*Der 1,4 Hektar große **Stempflesee** wurde vor mehr als 100 Jahren künstlich angelegt und erfreut noch heute als beliebtes Naherholungsziel im Siebentischwald Jung und Alt. Auf der hölzernen Uferbefestigung kann um den See spaziert werden.*

Waldgaststätte Jägerhaus

nördlicher Richtung bis zur **Infotafel Ablass am Oberen Anger.** Dieser ist, neben dem **Galgenablass,** eine auch für den Zoologischen Garten wichtige Wasserkreuzung und somit auch Teil des Wassermanagement-Systems.

Hier queren wir nochmals den **Siebenbrunner Bach** und folgen der **Siebentischstraße** entlang der Außenmauer des Augsburger Zoos. Schon hier heißen uns die Elefanten mit einem lauten *Törrröö* willkommen. An der Kreuzung mit dem **Dr.-Ziegenspeck-Weg** halten wir uns daher links und folgen der offiziellen Ausschilderung bis zum Eingang des **Augsburger Zoos ⑫,** wo wir in einem idyllischen Parkgelände die Tiere von A wie Affe bis Z wie Zebra erleben und beobachten können. Für die kleinen Radfahrer wird mit einem Abenteuerspielplatz und dem Zoo-Bähnle noch zusätzliche Action geboten. Mit einem leckeren Apfelstrudel in der **Zoo Gaststätte ⑫** lassen wir unseren Besuch ausklingen.

*Das Herzstück des **Augsburger Zoos**, welcher im Jahr 1937 als Park der deutschen Tierwelt eröffnet wurde, ist das 3 Hektar große Afrika-Panorama, auf dem sich Nashörner, Zebras, Strauße, Antilopen und Giraffen frei bewegen können.*

Für die Weiterfahrt zum Ausgangspunkt unserer abwechslungsreichen Tour queren wir gegenüber der Abzweigung Dr.-Ziegenspeck-Weg die **Siebentischstraße** und rollen nach knapp 50 Metern auf dem Rad- und Spazierweg nach rechts in Richtung Bolzplatz auf der **Spickerwiese.** An der nächsten Gabelung biegen wir nach links ab und radeln entlang eines Wohngebiets bis zum **Ablassweg.** Diesen queren wir und radeln leicht links versetzt in die **Waldfriedenstraße.** Diese mündet nach 350 Metern in die **Spickerstraße,** auf der wir durch eine Bahnunterführung rollen. Nach 250 Metern erreichen wir die **B 300.** Wir halten uns rechts und folgen nach 80 Metern entlang der Straße dem Radweg durch die **Parkanlage** bis zur T-Kreuzung mit der Straße **Am Eiskanal.** Hier radeln wir nach links zur Bundesstraße, überqueren auf der **Afrabrücke** den Lech und rollen auf bekannter Route auf dem Fahrradschutzstreifen entlang der **Friedberger Straße** durch den Stadtteil Hochzoll und damit zurück zum **P+R-Parkplatz Friedberg West.**

Ausburger Zoo

Augsburg
Kaufbach
Augsburger Straße
Friedber
Hochzoll
Hochfeld
Klausenkopf
Oberländer Straße
Siebenbrunner Straße
Kuh-
see
Siebentischwald
Grenzkopf
Brunnenbach
Siebenbrunner Bach
Hagenbach
Lech
Siebenbrunner Straße
Hugenottenweg
Auen-
see
Gießer
Stadtwald
Augsburg
Haunstetten
Gassen Geräumt
Kissing
Langes Geräumt
Eulen Geräumt
Kissinger
Heide
Haunstetter Wald
Weitmann-
see
Neuer Graben
Alter Floßgraben
Ilsesee
Lochbach
Bayerbach
Pürsch Geräumt
Königsbrunn
Mandichosee
Merin
300
2
17

Alles auf einen Blick

WIE & WANN:
Meist geschotterte oder asphaltierte Wege, im Wald teils Forstwege, Radwege und Fahrradschutzstreifen entlang der Straße, Stadtverkehr; ganzjährig befahrbar, am besten in den Sommermonaten

HIN & WEG:
Auto: P+R Friedberg-West, Augsburger Str. 43, 86316 Friedberg (GPS 48.356464, 10.964418)
ÖPNV: Diverse Zugverbindungen bis Hauptbahnhof Augsburg. Von dort mit der Tram 6 bis Friedberg, West P+R.

ESSEN & ENTSPANNEN:
Schwarze Kiste am Hochablass ❸ Oberländer Straße 106 b, 86163 Augsburg, Tel. (08 21) 58 94 11 50, www.schwarzekiste.de/restaurants/schwarze-kiste-am-hochablass
Waldgaststätte Jägerhaus ❿ Siebenbrunner Straße 16, 86179 Augsburg, Tel. (08 21) 81 55 25 20, www.jaegerhaus-augsburg.de
Zoo Gaststätte ⓬ Paul-Eipper-Straße 12, 86161 Augsburg, Tel. (08 21) 55 96 32, www.zoogaststaette-augsburg.de

ENTDECKEN & ERLEBEN:
Lech-Radweg ❶
Hochablass ❷ 86163 Augsburg
Kuhsee ❹ 86163 Augsburg
Auensee ❺ 86438 Kissing
Mandichosee ❻ 86438 Kissing
Augsburger Stadtwald ❼ 86179 Augsburg (Haunstetten)
Alter Schießplatz Haunstetten ❽ 86179 Augsburg (Haunstetten)
Rohböden am Alten Schießplatz ❾ 86179 Augsburg (Haunstetten)
Stempflesee ⓫ 86161 Augsburg
Augsburger Zoo ⓬ Brehmplatz 1, 86161 Augsburg, Tel. (08 21) 5 67 14 90, www.zoo-augsburg.de

Entspannung ✱✱✱✱✱
Genuss ✱✱✱✱✱
Erlebnis ✱✱✱✱✱

Platz für eine Auszeit
30 Kilometer
253 Höhenmeter
3,5 Stunden
Rundtour

Wir starten unsere Tour durch den wunderbaren **Naturpark Augsburg-Westliche Wälder** auf dem kostenfreien Parkplatz an der **Titania Therme** ❶ in Neusäß, wo wir auch im Anschluss an unsere Rundtour den hektischen Trubel des Alltags im warmen Thermalwasser vollends hinter uns lassen können. Doch zuerst einmal schwingen wir uns auf unseren Drahtesel, um auf den Spuren der **historischen Weldenbahn** die **Reischenau** bis nach Adelsried und im Anschluss den **Schwäbischen Holzwinkel** zu erkunden.

Hierfür verlassen wir den Parkplatz in südlicher Richtung und nutzen die **Unterführung** unter der **Hauptstraße.** Wir orientieren uns dahinter rechts und rollen parallel zur Hauptstraße bis zur nächsten Kreuzung. Hier wechseln wir an der Ampelanlage die Straßenseite und rollen nach links auf dem Radweg entlang der **Lohwaldstraße** in südlicher Richtung bis zur Kreuzung Georg-Odemer-Straße, hinter der sich der **Volksfestplatz** öffnet. Bei der **alternativen Anreise** mit der Bahn ist hier der Einstieg in die Rundtour möglich.

Wir queren die Kreuzung, an der **Welden** bereits ausgeschildert ist, und biegen direkt hinter dem Volksfestplatz nach rechts auf die **ehemalige Trasse der Weldenbahn** ❷ ein. Kurz darauf queren wir erneut die **Georg-Odemer-Straße** und folgen ihr auf dem Radweg parallel zur Straße bis zum **Torhaus.** Dieses ist mit seinem markanten Uhrturm nicht zu übersehen.

Nach 280 Metern kreuzt der asphaltierte Radweg die Straße **Am Eichenwald** und quert auf den nächsten

*Der **Naturpark Augsburg-Westliche Wälder** hat eine Fläche von ca. 122.500 Hektar und ist der einzige Naturpark Mittelschwabens. Er zeichnet sich, auch aufgrund der vielen Bachtäler, durch eine abwechslungsreiche Flora und Fauna aus.*

*Die Trasse der **Weldenbahn** wurde 1903 erbaut und Ende der 1980er Jahre stillgelegt. Die rund 34 Kilometer lange, ehemalige Trasse kann heute von Augsburg nach Welden im historischen Holzwinkel auf dem Landrat-Dr.-Frey-Radweg erradelt werden.*

Historische Trasse

Durch die Westlichen Wälder

900 Metern bis zum **Bienenpark** den **Riedgraben** und das **Flüsschen Schmutter.** Hier rollen wir durch zwei der typisch hölzernen, überdachten historischen Eisenbahnbrücken, die im amerikanischen Neuengland romantisch als *Kissing Bridge* bezeichnet werden. Auf dem **Naturlehrpfad im Bienenpark Neusäß** ❸ nehmen wir uns eine Auszeit vom Sattel, denn in den Sommermonaten wuselt und brummelt es in den Bienenkästen und in der Schauzarge können die fleißigen Bienchen quasi hautnah beobachtet werden.

Kurz hinter dem Bienenpark queren wir die **Mühlbachstraße** und rollen für 2,3 Kilometer entlang des **Mühlbachs** bis zur Kreuzung mit dem Ottmarshauser Weg in **Aystetten.** Hier befindet sich neben der **Information zum Radwanderweg Via Julia** auch eine Fahrrad-Reparaturstation. Wir folgen weiter der Trasse der Weldenbahn in westliche Richtung durch Aystetten, wobei die historische Strecke zwar innerhalb der Bebauung, trotzdem aber im Vergleich zu herkömmlichen Radwegen mit begrünter Distanz zum Umland verläuft.

Torhaus Neusäß

Bienenpark Neusäß

Genau dieser Charakter vermittelt beim Fahren auf der stillgelegten Trasse Entschleunigung pur. Hier sind sowohl **Welden** als auch das nächste Zwischenziel **Horgau** am Rad-Hauptwegweiser ausgeschildert. Ab dem Ortsrand von Aystetten radeln wir bis zum **Waldrand,** tauchen für 3,4 Kilometer das erste Mal tief in die **Westlichen Wälder** ein und genießen die Fahrt durch den dichten Mischwald. Am Wegrand steht mannshoher Farn und die roten Beeren an den Bäumen läuten bereits den Spätsommer in der **Reischenau** ④ ein.

Quasi wie aus dem Nichts erscheint zu rechter Hand das ehemalige **Bahnhöfle Horgau** ⑤**,** wo wir uns

*Bei der **Reischenau** handelt es sich um den mittleren Teil des Naturparks Augsburg-Westliche Wälder, welcher im Norden an den stark bewaldeten Holzwinkel angrenzt. Der Name leitet sich von der moorigen Landschaft bzw. den Binsen, die Reischen genannt werden, ab.*

Für die Seele

Den Naturpark Augsburg-Westliche Wälder mit all unseren Sinnen spüren und dabei entschleunigen, das ist Entspannung pur im oftmals hektischen Alltag.

Bahnhöfle Horgau

eine Erfrischung gönnen und im Anschluss weitere 1,8 Kilometer auf der geteerten Trasse durch den Wald bis zur Unterquerung der **A 8** nahe Adelsried rollen. Hier ist auch vom Radweg aus die markante und wohl jedem Pendler gut bekannte **Autobahnkapelle** an der Ausfahrt Adelsried gut sichtbar. Wir folgen der Trasse, die jetzt eher an einen gewöhnlichen Radweg erinnert, einen weiteren Kilometer bis nach **Adelsried.** Dabei durchrollen wir nochmals eine *Kissing Bridge*, bevor wir die Kreuzung **Augsburger Straße** erreichen. Wir zweigen auf diese nach rechts ab und folgen dem Rad-Hauptwegweiser in Richtung **Lützelburg.** Nach 250 Metern auf der **Augsburger Straße** biegen wir nach links in die **Bonstetter-** und gleich wieder nach rechts in die **Sandfelderstraße** ein. Diese führt uns in östlicher Richtung aus dem Ort hinaus und weiter durch Felder und Wiesen bis zum Waldrand.

Wo die Straße einen Linksknick beschreibt, fahren wir nahezu geradeaus auf den geschotterten Feldweg und folgen ihm den Berg hinauf. Wir umfahren den

Autobahnkapelle

**Historische Bahnbrücke
in Adelsried**

verschlafenen Ort **Axtesberg** entlang des Waldrandes und tauchen nach rund 800 Metern tiefer in die Wälder des **Schwäbischen Holzwinkels** 6 ein. Nach 500 Metern im Wald folgen wir an einer Abzweigung weiter dem Rad-Hauptwegweiser in Richtung **Lützelburg** nach links. Nach 220 Metern eröffnet sich uns der Blick auf den **Sender Welden.** Wir halten uns jetzt spitzwinkelig nach rechts und folgen dem etwas versteckt an einem Baum angebrachten Wegweiser nach **Peterhof.** Der geschotterte Feldweg führt uns für 2,1 Kilometer durch die Stille des Forstes. Sonnenstrahlen, die durch das teils dichte Blattwerk blitzen, tanzen auf unserem Gesicht.

An einer Kreuzung folgen wir weiter dem Radwegweiser nach rechts, bis wir nach einem Kilometer durch den lichter werdenden Wald auf die Landstraße bei **Peterhof** stoßen. Hier orientieren wir uns rechts und biegen gleich wieder nach rechts auf den Park-

Die Natur und Kultur im ***Schwäbischen Holzwinkel*** *lässt sich auch wunderbar mit geschnürten Wanderstiefeln entdecken. So kann beispielsweise die spätkeltische Viereckschanze bei Peterhof im Rahmen einer entspannten Familienwanderung erkundet werden.*

Hauskapelle Waldgaststätte Peterhof

*Der heutige **Peterhof** wurde bereits im 15. Jahrhundert urkundlich erwähnt und diente in vergangenen Zeiten vor allem den Fuhrleuten als Raststätte auf ihrem Weg in die Fuggerstadt Augsburg. Heute wird die Gaststätte bereits in dritter Generation geführt.*

platz der **Waldgaststätte Peterhof** 7 ein, um im Kastanienbiergarten eine deftig-zünftige Brotzeit mit leckeren hausgemachten Wurstwaren zu genießen.

Die nächsten 2,4 Kilometer rollen wir entspannt bergab auf dem baulich getrennten Radweg entlang der Landstraße bis ans **Ortsende von Holzhausen.** Hier ist bereits **Neusäß** auf dem Rad-Hauptwegweiser ausgeschildert. Wir folgen weiter der Landstraße auf dem baulich getrennten Radweg. An der Gabelung nach der zweiten Unterführung orientieren wir uns rechts und rollen in **Batzenhofen** ein. Hier endet auch der Radweg und wir radeln auf der **Sebastianstraße** durch den Ort. Nach 450 Metern halten wir uns an einem ehemaligen Gasthof mit bunter Fassade links und folgen der **Schmutterstraße** für wenige Meter, bevor wir nach rechts in die **Martinsstraße** einbiegen. Auf dieser fahren wir 400 Meter den Berg hinauf, wobei wir die **Kirche St. Martin** zu rechter Hand und das ehemalige **Schloss Batzenhofen** linker Hand, welches heute als Mehrfamilienhaus genutzt wird, hinter uns lassen. An der Kreuzung mit der

Kneippbecken am Brunnenwärterhäusl

Schmutter bei Neusäß

Straße Am Bögle biegen wir nach links auf einen asphaltierten Wirtschaftsweg ein und folgen diesem durch Felder und Wiesen. An der nächsten Kreuzung halten wir uns links und folgen der **Gailenbacher Straße** in einem Rechtsknick um die Anlage von Schloss Gailenbach, welches sich heute in Privatbesitz befindet. Kurz dahinter unterqueren wir die **A 8** und orientieren uns an den nächsten beiden, kurz aufeinanderfolgenden Weggabelungen erst rechts und dann links. Nach 300 Metern erreichen wir das **Kneippbecken am Brunnenwärterhäusl 8,** an dem wir uns eine erfrischende Auszeit vom Sattel gönnen. Wir rollen weiter am Waldrand entlang durch das **Schmuttertal,** wo das namensgebende Flüsschen zu unserer Rechten durch die Wiesen mäandert. In **Hammel** kommen wir am **ehemaligen Schloss,** das heute in Privatbesitz ist, vorbei und erreichen nach 230 Metern die **Hammeler Straße.** In diese biegen wir nach links ein und folgen ihr für 120 Meter. Wir orientieren uns rechts und biegen in die **Mühlbachstraße** ein. Nach 210 Metern erreichen wir am **Bienenpark Neusäß** wieder die **Trasse der Weldenbahn.** Hier halten wir uns links und rollen auf bekannter Route zurück zur **Titania Therme.**

Holzhausen
Wertinger Straße
Bonstetten
Batzenhofen
Klinge
Kirchberg
Hühnerberg
Schmutter
Laugna
Rettenbergen
Böglegraben
Adelsried
Augsburger Straße
Martinstraße
Edenbergen
Gailenbach
Hirblingen
8
Fuchsberg
Täfertingen
Pfaffenberg
Gailenbacher Weg
Riedgraben
Portnerstraße
Aystetten
Hammel
Mühlbach
Hammeler Landstraße
Mühlbachstraße
Lohwaldstraße
Aystetter Berg
Ottmarshausen
Am Bahnhof
Horgau
Griesberg
Aspenbach
1
2
3
4
5
6
7
8
P

Alles auf einen Blick

WIE & WANN:

Asphaltierte Wege und geschotterte Waldwege, wenig befahrene Straßen bzw. Radwege entlang der Straße; ganzjährig befahrbar, am besten in den Sommermonaten

HIN & WEG:

Auto: Parkplatz an der Titania Therme, Birkenallee 1, 86356 Neusäß (GPS 48.401484, 10.824615)
ÖPNV: RB 86, RE 9 von Augsburg oder Ulm bis Bahnhof Neusäß. Vom Bahnhof nach Norden wenige Meter entlang der Hauptstraße, dann links über die Daimlerstraße bis zum Anschluss an die Tour an der Kreuzung Lohwandstraße/Georg-Odemer-Straße. Entfernung ca. 950 Meter.

ESSEN & ENTSPANNEN:

Bahnhöfle Horgau ❺ Am Bahnhof 1, 86497 Horgau, Tel. (0 82 94) 8 62 96 91, www.bahnhoefle-horgau.de
Waldgaststätte Peterhof ❼ Am Peterhof 1, 86368 Gersthofen/Peterhof, Tel. (0 82 30) 77 43, www.waldgaststaette-peterhof.de

ENTDECKEN & ERLEBEN:

Titania Therme ❶ Birkenallee 1, 86356 Neusäß, Tel. (08 21) 6 50 60 30, www.titania-neusaess.de
Ehemalige Trasse der Weldenbahn ❷
Bienenpark Neusäß ❸ Mühlbachstraße 23 a, 86356 Neusäß
Reischenau ❹
Schwäbischer Holzwinkel ❻
Kneippbecken am Brunnenwärterhäusl ❽ Gailenbacher Weg, 86356 Neusäß

Entspannung ★★★★★
Genuss ★★★★☆
Erlebnis ★★★★☆

Die GPS-Daten zu jeder Tour gibt es auf
www.droste-verlag.de

Konzeption: Droste Verlag, Düsseldorf
Satz: Vollnhals Fotosatz, Neustadt a. d. Donau
Einbandgestaltung: Britta Rungwerth, Düsseldorf, unter Verwendung von Bildern von © Fotolia.com: Andrey Kuzmin, undrey, dabost, niroworld; © Shutterstock: balipadma
Fotos: Stefanie Rösch
Karten: Thorsten David, Bochum
Lektorat: Dr. Carsten Storm, Dresden
Druck und Bindung: LUC GmbH, Greven

MIX
Papier aus verantwortungsvollen Quellen
FSC® C011279
www.fsc.org

ISBN 978-3-7700-2451-3
www.droste-verlag.de